Meine magische Persönlichkeit

Mag. Beate Handler

Mag. Beate Handler

Meine magische Persönlichkeit

Persönlichkeitsanalyse nach der Erdgeistchen-Methode

GOLDEGG VERLAG

Der Verlag und seine Autoren sind für Reaktionen, Hinweise oder Meinungen dankbar. Bitte wenden Sie sich diesbezüglich an verlag@goldegg-verlag.at.

Mit Bildern von Marie Tewa

ISBN 9-78-3-901880-91-9

Telefon: +43 (0) 1 5054391-9
eMail: office@goldegg-verlag.at
http://www.goldegg-verlag.at

Magisches Vorwort zu unserer Individualität

Seit Anbeginn der Menschheit sind wir auf der Suche. Heute sind wir manchmal auf der Suche nach Nahrung, manche von uns sind auf der Suche nach schönen Schuhen, manche nach den neuesten Autofelgen. Diese Suchen können individuell und sehr unterschiedlich aussehen.

Aber wir alle sind immer wieder auf der Suche nach unserer Identität. Währenddessen stellen wir uns vermehrt die Frage, wer wir sind und beschäftigen uns mit Vielem, das sich um unsere Persönlichkeit, Eigenschaften und Verhaltensweisen dreht.

Antworten auf Fragen wie z.B. „Wer bin ich?“, oder „Warum vertraue ich meinem Partner nicht mehr?“, „Warum kann ich mich auf andere nie verlassen?“, „Warum muss ich mich immer um andere kümmern?“, „Warum muss ich immer um Anerkennung kämpfen?“ oder „Wieso habe ich in Beziehungen immer nur Pech?“ werden häufig gesucht. Diese Liste kann individuell, je nach Lebenssituation, sehr unterschiedlich ausfallen und ist eigentlich unendlich fortsetzbar.

Heute, in unserer schnelllebigen Zeit, in der jeder von uns von einem Termin zum nächsten hetzt, gestresst ist und nur mehr sehr begrenzt Zeit für seine eigenen Bedürfnisse hat, findet auch unsere Beschäftigung mit der Identitätsfindung und der Beantwortung wichtiger Fragen nur mehr wenig Zeit. Wir suchen daher neue und schnellere Wege, um diese Antworten zu erreichen.

Dies ist mit ein Grund, warum Begriffe wie „Persönlichkeitstest“ oder „Persönlichkeitsanalyse“ in den letzten Jahren sowohl im privaten als auch beruflichen Umfeld eine äußerst inflationäre Verwendung fanden. Wahrscheinlich ist es nicht untertrieben zu sagen, dass unzählige dieser „Analysen“ und Erklärungsansätze zur Persönlichkeit des Menschen vorhanden sind.

Aber – und dies ist wirklich ein großes Aber – nur eine gute Handvoll dieser Persönlichkeitstheorien sind auch in der Psychologie wissenschaftlich abgesichert und auch anerkannt. Und der große Rest?

Na ja, vielfach stehen (noch) nicht ganz ausgereifte Ideen, (kurzlebige) zeitgenössische Überzeugungen oder vielfach undifferenzierte Ideologien und Erklärungsversuche für menschliches Verhalten, die z.B. aufgrund von zufälligen Beobachtungen gebildet werden, dahinter.

Daher kann dieser ganze große Rest nicht einmal in die Nähe einer wissenschaftlich-fundierten Theorie eingeordnet werden. Da jedoch viele dieser Pseudo-Theorien so einleuchtend klingen, bleiben sie uns im Gedächtnis und werden teilweise von Generation zu Generation unreflektiert und ungeprüft weiter getragen. Da sie sich auch „so richtig" anhören, werden sie als richtig und wissenschaftlich angesehen und werden sogar in manchen Lehr- und Handbüchern aufgenommen.

Lassen Sie mich das in einem kurzen Beispiel verdeutlichen: Kennen Sie die antike Temperamenten-Lehre von Hippokrates (460–377 v. Chr.)? Wahrscheinlich schon, da werden Menschen in vier Typen eingeteilt: Sanguiniker, Phlegmatiker, Choleriker und Melancholiker. Es hat vermutlich schon jeder einmal davon gehört oder gelesen und diese „Lehre" klingt logisch und nachvollziehbar, oder?!?

Machen Sie doch einen Versuch: Versuchen Sie einmal Freunde, Bekannte, Arbeitskollegen usw. zu diesen vier Typen zuzuordnen. Das ist recht leicht, Sie haben sicher kein Problem damit gehabt.

Und was ist mit Ihnen? Lassen Sie sich so leicht in nur eine von vier Kategorien (wovon drei ihrer Beschreibung nach eigentlich von uns allen prinzipiell schon abzulehnen wären, weil sie sehr negativ formuliert sind) stecken?

Überlegen Sie nun bitte auch, ob Ihnen wissenschaftliche Untersuchungen zu dieser Lehre bekannt sind. Wie ... keine?!? Könnte das daran liegen, dass es keine gibt?

Eine Frage noch: Würden Sie gerne von Ihrem Arzt nach dieser „Lehre" behandelt werden?

So weit so gut. Anhand diverser „Fastfood-Persönlichkeitsanalysen" lassen sich z.B. im Internet oder in Bewerbungssituationen scheinbar all unsere Eigenschaften und Verhaltensweisen innerhalb von Minuten testen.

Aber das, was wir da herausbekommen ist eigentlich immer genauso aussagekräftig, wie das, was an Zeit für die Beschäftigung mit diesen Eigenschaften investiert wurde.

Beate Handler geht mit diesem Buch, das Sie gerade in Ihren Händen halten, als Abwechslung zu all den anderen Persönlichkeitsanalysen, den magischen Weg der Erdgeistchenmethode.

Sie bietet Ihnen als LeserIn die Möglichkeit, selber zu entscheiden, wie Sie dieses Buch nützen möchten, wie viel Zeit Sie sich gerade für die Auseinandersetzung mit sich erübrigen möchten.

Das Buch soll eine praxisorientierte Anleitung zur Selbsterfahrung und Selbstreflexion darstellen. UND es basiert auf aktuellem wissenschaftlich fundiertem und anerkanntem Wissen, obwohl auf die Magie der Fabelwelt zurückgegriffen wird.

Ich wünsche Ihnen viel Spaß, viele Fragen und auch viele Erkenntnisse über sich selbst.

Wien, im Sommer 2009

Mag. Harald Hornich
Klinischer Psychologe
Gesundheitspsychologe
Arbeitspsychologe
Psychotherapeut – Verhaltenstherapie
www.psychologie-verhaltenstherapie.com

Inhaltsübersicht

Inhaltsverzeichnis

Einführung in den Umgang mit den Erdgeistchen

Bevor ich mit der eigentlichen Einführung beginne, mache ich noch einen kurzen Ausflug zur Begriffserklärung. Fast hätte ich nämlich darauf vergessen anzuführen, wie die Magie der menschlichen Persönlichkeit mit Erdgeistchen in Verbindung steht. Jedoch erhielt ich just an jenem Tag, vom Schutzgeistchen der Grammatik, Zeichensetzung, Inhalt- und Satzgestaltung, diesen Hinweis. Zu diesem Zeitpunkt hatte ich an meinem Urlaubsort in der Sauna ein Höllengeistchen entlarvt, war selbst als Wuselmonster in der Bergwelt unterwegs und hatte die kratzigen, rauen und samtigen Bäuche von Steingeistchen gestreichelt. Manche LeserInnen werden ob dieser Beschreibungen nicht erstaunt sein, andere wiederum schütteln vielleicht irritiert den Kopf.

Viele Menschen haben sich, zumindest in ihrer Kindheit, mit Fantasie-, Fabel- oder Märchengestalten identifiziert oder auch ihr Umfeld mit solchen verglichen. Meist waren das Wesen, in deren Eigenschaften und Verhaltenweisen wir uns oder andere wiedergefunden haben. Erdgeistchen sind solche Fabelwesen. Die Persönlichkeit der Erdgeistchen kann unsere eigene widerspiegeln, wenn wir den Mut haben, uns darauf einzulassen. Bald werden Sie nun erfahren, wie diese Magie anzuwenden ist und so die magische Seite Ihrer Persönlichkeit hervortreten kann.

Vielleicht fragen Sie sich, warum ich mich im Titel dieses Kapitels so umständlich ausdrücke, statt einfach die Worte Erdgeistchen-Bedienungsanleitung, Gebrauchsanweisung, Instruktion oder Leitfaden zu benutzen. Nun, das hat mehrere Gründe.

Der allerwichtigste ist, dass Erdgeistchen Wesen, wie Sie und ich sind und daher – wie alle Wesen auf und in unserer Erde – mit Respekt behandelt werden möchten. Das schließt daher alle anderen, genannten Begriffe aus – oder würde es Ihnen gefallen eine „Gebrauchsanleitung für EuropäerInnen" zu entdecken? Oder wenn Sie an den österreichischen Grenzstationen eine aufliegende „Instruktion für die Kommunikation mit ÖsterreicherInnen" finden würden? Auch, wenn wir ein eigenwilliges Völkchen sind und das in manchen Fällen auch gerne zugeben, als so schrullig möchten wir dann doch eher nicht bezeichnet werden.

In einer japanischen Großstadt gibt es am Flughafen angeblich ein großes Willkommensschild, auf dem in japanischer Sprache steht: „Wir heißen Sie herzlich willkommen!" und in englischer Sprache ist zu lesen: „Halten Sie sich an die Regeln." Da wir nun auch ein fremdes Land besuchen und in das Reich der Erdgeistchen eintreten, möchten wir genau so etwas nicht erleben. Daher ist es wichtig, diesen mystischen Wesen schon im Vorhinein Respekt entgegenzubringen.

Die zweite Begründung, warum der Titel dieses Kapitels genau so formuliert ist, ist eine hochemotionale. Ich hasse Bedienungsanleitungen! Meine Ablehnung ist inbrünstig und ohne jegliche Veränderungsbereitschaft! Zwar hatte ich nie ein traumatisches Erlebnis mit einer Bedienungsanleitung, weder in der Kindheit noch im Erwachsenenalter, aber sie machen mir seit früher Jugend bis heute in regelmäßigen Abständen zu schaffen. Sie quälen mich schleichend, überfallen mich aus einem Hinterhalt und widersetzen sich standhaft meinen Versuchen, sie zu verstehen. Sie schaffen es, mich völlig zu vergessen und bringen mich dazu auf das unflätigste zu fluchen. Ja sie hindern mich manchmal sogar daran, mir ein neues technisches Gerät anzuschaffen.

Allerdings soll man sich Ängsten auch ab und zu stellen und so habe ich mittlerweile einen Weg zwischen Vermeidung und Konfrontation gewählt: Ich inspiziere Gebrauchsanweisungen. Sind diese übersichtlich, gut strukturiert und optisch ansprechend gestaltet, bin ich motiviert mir vorerst das Inhaltverzeichnis anzusehen, um mir dann jene Funktionen, die für meinen bevorzugten Einsatz des Gerätes wichtig sind, zu Gemüte zu führen.

Wobei ich gestehen muss, manchmal teste ich neue Geräte auch mittels „Versuch und Irrtum" – und damit habe ich auch schon gute Erfahrungen gemacht. Kommt dann der Punkt, wo ich doch noch nachlesen muss, bin ich bereits entspannt und befriedigt, da ich meine eigene Wirksamkeit im Umgang mit dem Neuankömmling schon erlebt habe und daher ertrage ich auch kryptische Gebrauchsanweisungen etwas besser.

Sieht man einmal davon ab, dass es sich um Gebrauchsanweisungen handelt, ist das ein mögliches Vorgehen bei allem Neuen und Unbekannten, das man erkunden will. Auf diese Art kann man sich auch mit der Welt der Erdgeistchen vertraut machen.

Dazu unterbreite ich Ihnen nun meine Vorschläge, wie Sie vorgehen können, um die Geistchen näher kennenzulernen und – wenn Sie möchten – eine Persönlichkeitsanalyse für sich oder andere Wesen in Ihrem Umfeld zu erstellen.

Alle Wege führen nicht nur nach Rom, sondern auch in die Lebenswelt der Erdgeistchen und zu deren Persönlichkeiten. So mystisch das Erscheinungsbild und der Lebensraum der Erdgeistchen, so irdisch ist jedoch ihre Persönlichkeit. Erdgeistchen und Menschen sind einander sehr ähnlich, wenn es um den Persönlichkeitsstil geht. Damit wären wir auch schon bei einem möglichen Weg oder einer Strategie an die Erkundung der Geistchen heranzugehen. Sie beginnen mit dem Kapitel „Persönlichkeitstheorien" und setzen dann mit dem „Selbstkonzept" fort. Verfügen Sie in Bezug auf diese Themen schon über ausreichendes Wissen, oder wenn Sie sich Ihre Unbeschwertheit in Bezug auf Persönlichkeits- und Entwicklungstheorien erhalten wollen, lassen Sie diese Seiten einfach ungelesen. Das setzt natürlich voraus, dass Sie damit leben können, dass diese Seiten später in Ihrem Bücherregal beleidigt vor sich hinvegetieren.

Mit dem Kapitel „Heinzelmänner, Kobolde, Hausgeister" sollten Sie jedoch keinesfalls so verfahren, denn es ist ein sehr wichtiges Kapitel. Es sei denn, Sie haben eine Ausbildung zur Elfenbeauftragten, wie beispielsweise Frau Erla Stefánsdóttir in Reykajavík. Sollten Ihre Ohren eben plötzlich elfengleich spitz geworden sein und Ihre Augen tellerrund, wie die von Toby, dem Hausgeist, dann liege ich wohl nicht falsch, wenn ich annehme, dass Sie neugierig geworden sind. Ihre Neugierde wird allerdings in diesem Kapitel befriedigt, wenn Sie sich dazu entschließen, es zu lesen.

„Die Geburt der Erdgeistchen" ist ein absolutes „Do-Kapitel", Musskapitel wäre ein weiterer möglicher Ausdruck, aber da viele Wesen es nicht wollen unter Druck gesetzt zu werden, unterlasse ich das und vermeide das Wort „müssen".

Erinnern Sie sich noch an Märchen aus Ihrer Kindheit, in denen Aufgaben zu lösen waren, um Tore zu öffnen die zu geheimen Orten führten? Wollen Sie selbst nun auch drei solcher Aufgaben lösen, um nach „Tiomone" einreisen zu dürfen? Aber Vorsicht, dieses Kapitel birgt Gefahren in sich, denn Sie sollen dabei ein gewichtiges magisches Tor öffnen und in Ihre Vergangenheit reisen, um in der Gegenwart ein Experiment zu wagen und sich einkleiden (einkleiden, nicht entkleiden!). Wenn Sie sich auf diese Herausforderungen einlassen möchten, schreiten Sie voran zur „Pforte zu Tiomone".

Tiomone liegt zwischen der Welt der Menschen und der Erdgeistchen, als sogenanntes Zwischenreich. In welchen der 13 Landesteilen Sie sich wohl und zu Hause fühlen, werden Sie bei der Reise durch Tiomone entdecken. Vielleicht treffen Sie in dem einen oder anderen Landstrich, wie z.B. in Stimmungsbergen oder Introvertan, Wesen die Sie kennen?

Die Reise durch Tiomone kann recht anstrengend sein, ruhen Sie sich daher danach einmal aus und trinken in aller Ruhe und voller Genuss eine Tasse Tee, Kaffee oder Kakao.

Gestärkt und ausgeruht nehmen Sie nun wieder den roten Faden auf, wie Theseus im Labyrinth des Minotaurus, der Sie jetzt sehr bald zu den Geistchen führt und daher auch zu Ihrer eigenen magischen Persönlichkeit. Diese zu entdecken kann auf zweierlei Arten erfolgen: Sie können zuerst einen irdischen Test machen und so erfahren, welche der Geistchen mit Ihnen seelenverwandt sind. Oder Sie nehmen an einer Art „Blind Date" teil, lernen ein Geistchen nach dem anderen kennen und lassen sich in den Bann jeder der facettenreichen, schillernden Persönlichkeiten der Erdgeistchen ziehen, um dann zu entscheiden, welche davon Ihre Schutzgeistchen werden, aus denen Sie Ihre eigene magische Persönlichkeit kreieren.

Es gibt nichts, was es nicht gibt in der Welt der Fabelwesen und so können Sie sich natürlich auch Ihr persönliches Schutzgeistchen einfach aufgrund der Sympathie und des gefälligen Aussehens aussuchen und seine Persönlichkeit erst danach entdecken. Können Sie sich dann damit jedoch so gar nicht identifizieren, ist das nicht weiter schlimm, denn nur weil uns jemand gefällt, muss dieses Wesen ja kein Spiegelbild von uns sein.

Es macht allerdings Sinn, zu überlegen, was Sie am Aussehen eines Geistchens anspricht und was nicht. Denn wir legen bei der Betrachtung eines Bildes unsere eigenen Gedanken, Gefühle und Vorlieben in dieses Bild hinein. Wir schreiben den Geistchen also Verhaltensweisen und Einstellungen zu und bilden damit eine „implizite Persönlichkeitstheorie", die auch als „hilfreiches Vorurteil" bezeichnet werden kann, wie Sie im gleichnamigen Kapitel erfahren können.

Heiter und emotional sehr entlastend kann es auch sein, Wesen die Sie kennen und mögen, wie auch jene die Sie nicht mögen, unter den Erdgeistchen zu suchen. So sehen Sie dann später nicht Ihren Chef vor sich sitzen, sondern beispielsweise Immidimmi oder Uglumuglu und denken sich mit einem Schmunzeln Ihren Teil, statt sich über sein Verhalten zu ärgern. Was hier passiert, nennt man übrigens Externalisieren. Mehr

- PhlegmatikerIn ist abgeleitet von Schleim („Phlegma"), Menschen diesen Charakters sollen ein passives und schwerfälliges Verhalten aufweisen. Solches ist jedoch auch verbunden mit unbekümmerten und entspannten Verhaltensweisen. PhlegmatikerInnen werden als ruhig, überlegt, geduldig und ausgeglichen beschrieben und leben auf diese Weise ein sehr beständiges, zufriedenes Leben.
- SanguinikerIn ist abgeleitet von Blut („Sanguis") und diese Persönlichkeiten gelten als heiter, aktiv, freundlich, offen und optimistisch. So werden typische SanguinikerInnen als emotional, bis hin zur Überschwänglichkeit beschrieben. Sie haben Freude an ihren Tätigkeiten und sind offen für Neues und können sogar Arbeit zum Vergnügen werden lassen. Sanguinikerinnen sind gerne mit Menschen zusammen und gelten als kommunikativ.

Diesen Temperamenten werden auch Tiere zugeordnet:
- cholerisch (grausam) – Katze,
- melancholisch – Hirsch,
- phlegmatisch – Ochse und
- sanguinisch – Löwe.

Diese Zuordnung ist für mich nicht nachvollziehbar, wobei ich auch sehr wenig über die Verhaltensweisen von Hirsch, Ochse und Löwe weiß. Jene von Katzen kenne ich, diese sind jedoch sehr individuell und Katzen sind sicher nicht grausam – außer natürlich, wenn sie ihr Lieblingsfutter nicht sofort und auf der Stelle erhalten. Insgesamt betrachtet scheint diese Zuordnung zu Tieren auf sehr groben Vorurteilen und somit auf einer impliziten Persönlichkeitstheorie zu basieren, auf welche ich in Folge noch näher eingehen werde.

Bis heute sind diese Typen, zwar in differenzierter Form, aber dennoch in Verwendung. In der heutigen, empirisch fundierten Psychologie ist jedoch die Annahme von Persönlichkeitstypen sehr umstritten. Zu Recht, denn möchten Sie beispielsweise zur Gruppe „Europäer Quadro Serie 007" zugeordnet werden?

Das Temperament zur Beschreibung von Verhaltensweisen und Eigenschaften heranzuziehen, halte ich jedoch für etwas Nützliches und genau so wird es in der wissenschaftlich fundierten Psychologie auch eingesetzt.

Vier Merkmale sind es, mit denen Temperament heute beschrieben wird:

- Die Aktivität: Damit ist die Kraft, Stärke und Geschwindigkeit der menschlichen Bewegungen, des Denkens und des Sprechens gemeint.
- Die Reaktivität: Damit wird die Offenheit eines Menschen für äußere Reize und das Tempo sowie die Stärke, mit der man auf äußere Reize reagiert, beschrieben.
- Die Emotionalität: Hier werden die Häufigkeit und Stärke, mit der Gefühle geäußert werden und die Stimmungen wechseln, bezeichnet.
- Die Soziabilität: Hiermit wird der Wunsch, die Nähe anderer zu suchen beschrieben sowie die Art und Weise, wie Menschen mit Mitmenschen umzugehen pflegen.

Aus dem Zusammenspiel dieser Merkmale lässt sich eine Beschreibung des Temperaments erstellen. Man geht davon aus, dass Temperament grundlegend etwas ist, mit dem wir bereits auf die Welt kommen, das jedoch auch durch Umwelt und Lebensgeschichte beeinflusst wird.

Die Persönlichkeit eines Menschen ist jedoch um vieles reichhaltiger, als diese vier Merkmale es je beschreiben können. Wie Temperament wahrgenommen wird, ist zudem stark vom Kulturkreis abhängig. So kann es sein, dass ein Mensch in einer Kultur als aktiv, mit rascher Reaktion, emotional stabil und ausgeprägt sozial wahrgenommen wird, in einem anderen Kulturkreis jedoch als ruhig, eher passiv bezüglich Reaktionen, emotional schnell ansprechbar und zurückgezogen beschrieben wird. Der Grund dafür ist die Normalität. Was ist wo normal? Normal bedeutet hier nicht unbedingt das Gegenteil von verrückt, sondern der Norm entsprechend. Und da haben wir sie schon wieder, die Kategorisierung. Bleibt es uns jetzt doch nicht erspart, als „EuropäerIn Quadro Serie 007“ durchs Leben zu gehen?

Keine Sorge, wir dürfen weiterhin unsere Individualität behalten, sofern wir sie uns auch selbst zugestehen. Normen sind aber durchaus auch hilfreich, so ermöglichen es uns beispielsweise die gesellschaftlichen Normen, miteinander leben zu können. Technische Normen bieten uns gewisse Sicherheiten. Normen vermitteln uns Menschen generell somit eine Art von „festgelegten Sicherheitsvorkehrungen“.

Psychologische Messinstrumente (also z.B. Tests bzw. Persönlichkeitstests) müssen verschiedene Gütekriterien aufweisen, von denen eines die Normierung, vergleichbar mit einer Eichung, ist. Darunter versteht man das Erstellen eines Bezugssystems, mit dessen Hilfe die Ergebnisse einer Testperson im Vergleich zu den Merkmalsausprägungen anderer Personen, der sogenannten Eichstichprobe, eindeutig eingeordnet und interpretiert werden können. Die Psychologische Testentwicklung unterliegt somit einem streng wissenschaftlichen Vorgehen. Sollte das etwas verwirrend auf Sie wirken, seien Sie nicht besorgt – es ist ein Spezialgebiet der Psychologie und gehört nicht unbedingt zum Allgemeinwissen. Zusammenfassend kann, etwas vereinfacht, gesagt werden, dass es bei der Normierung darum geht, Menschen mit anderen Menschen vergleichen zu können, damit man sie in bestimmte Kategoriesysteme einordnen kann. Damit das nicht willkürlich passiert, müssen bestimmte Regeln eingehalten werden.

Psychologische Tests, die man in Zeitungen und Zeitschriften findet, erfüllen nicht die Gütekriterien und sind somit auch nicht normiert. Es kann Spaß machen sie auszufüllen und interessant sein, dann das Ergebnis zu lesen, aber sie entbehren jeglicher Professionalität. Sie könnten nun damit argumentieren, dass das Ergebnis eines solchen Tests oft zutrifft. Dem ist entgegenzuhalten, dass die Fragen auch so gestaltet sind, dass man sie wählt, wie man selbst gerne gesehen wird. Wer füllt diese Tests denn meist aus? Menschen die über ihr Selbstbild und Fremdbild nachdenken, oder solche denen dieses eher komplett egal ist?

Erstere haben ein Bild ihrer Person, finden in den Tests beschreibende Worte für sich selbst und können somit Zuordnungen treffen. Hier ist sie schon wieder, die Kategorisierung. Der Mensch braucht sie, denn Kategorien helfen uns Struktur und Ordnung in ein unüberschaubares Ganzes zu bringen. Auch die Persönlichkeit eines Menschen setzt sich aus zahlreichen Facetten und Teilen zusammen und so bringt die Zuordnung zu Typen die Möglichkeit, die eigene Person einmal als außen stehender Betrachter wahrzunehmen. Das kann dazu dienen, den Blick auch auf jene Persönlichkeitsbereiche zu lenken, die z.B. verschiedenen Problemen zuträglich sind oder die man nicht so gerne an sich mag.

Wenn man Menschen aus dem eigenem Umfeld, wie Arbeitskollegen, Vorgesetzte, Schwiegereltern oder wen auch immer, dessen Denken, Verhalten und Handeln man nur schwer nachvollziehen kann, Persönlichkeitstypen zuordnet, kann man helfende Erklärungen erhalten. Erklärungen wiederum können dazu beitragen, dass ich mich besser abgrenzen kann und so manches vielleicht nicht mehr so persönlich nehme. Dazu dient uns auch die bereits erwähnte „implizite Persönlichkeitstheorie“, welche auf den individuellen Erfahrungen und den daraus resultierenden Erwartungen eines Menschen beruht.

Hilfreiche Vorurteile

Wenn wir Menschen uns in einer Situation befinden, in der wir mit anderen Menschen zu tun haben – also in einer sogenannten sozialen Situation – dann machen wir uns ein Bild unseres Gegenübers. Wir gehen von bestimmten Annahmen über diese Person aus, schreiben ihr mögliche Eigenschaften, Einstellungen und Verhaltensweisen zu. Wir bauen eine Erwartungshaltung auf, welche einen Einfluss auf unseren Umgang mit dieser Person hat. Nicht außer Acht gelassen werden kann, dass diese Person mit uns natürlich genau dasselbe macht.

Implizite Persönlichkeitstheorien (IPT) entwickeln sich aus Erfahrungen die wir in unserem Leben machen und den daraus entstehenden Erwartungen. Somit greifen wir auf mehr oder minder wohl begründete Annahmen über Merkmalsbeziehungen zurück. Dieses Vorgehen, auch als Vorurteil zu bezeichnen, ist jedoch stark vereinfachend und verallgemeinernd und dadurch kann es zu Verfälschungen bei der Beurteilung kommen. Dennoch ist es hilfreich. Wichtig dabei ist, dass wir uns dieses, in Sekundenschnelle ablaufenden, Prozesses bewusst sind und dann auch bereit sind, neue Informationen zuzulassen, das Vorurteil zu überprüfen und abzuändern.

Tun wir das nicht, laufen wir Gefahr, andere Menschen zu diskriminieren, sowie der „selbsterfüllenden Prophezeiung" zu unterliegen. Ein Beispiel dafür: Sie kommen zu einem Schalter einer öffentlichen Institution. Sie denken, dass die Person hinter diesem Schalter ein unkündbares und daher immer unfreundliches Wesen ist. Mit dieser Einstellung, die vermutlich ein ärgerliches Gefühl und einen entsprechenden Gesichtsausdruck hervorruft, bringen Sie nun Ihr Anliegen, untermauert von Ihrer Einstellung und Ihren Emotionen, der Person am Schalter vor. Nun ist die Wahrscheinlichkeit groß, dass diese Person tatsächlich unwirsch reagiert. Obwohl sie vielleicht nicht einmal unkündbar ist und auch nicht immer unfreundlich wirkt.

Die Implizite Persönlichkeitstheorie beinhaltet jedoch durchaus auch Elemente, die auch in wissenschaftlich fundierten Persönlichkeitstheorien zu finden sind:

- Relevante beobachtbare Merkmale und Verhaltensweisen wie z.B. Geschlecht, Alter, Umgangsformen, Herkunft.
- Rückschlüsse, die aus diesen Beobachtungen gezogen werden können, wie z.B. aufgeweckt/ruhig, introvertiert/extravertiert, schüchtern/selbstsicher.
- Bewertung der nun auf diesem Weg erschlossenen Ergebnisse (sympathisch, verantwortungsvoll, diszipliniert, ...).

So entwickelt jeder Mensch im Laufe seines Lebens eine ganz persönliche und spezifische Implizite Persönlichkeitstheorie. Möchten Sie mehr dazu wissen, so finden Sie in den speziellen psychologischen Disziplinen Sozialpsychologie und Differentielle Psychologie entsprechende Literatur. Ich möchte nun zu den Begriffen der Persönlichkeit und des Selbstkonzepts übergehen. Woher kommen sie und wohin führen sie uns?

Selbstkonzept

Wie werde ich, ich?

Ich werde in diesem Kapitel nicht auf vorgeburtliche Einflüsse eingehen. Ich beginne mit dem Tag, an dem ein Menschenkind kopfüber in unsere Welt purzelt. Wissenschaftler vieler Zeitepochen haben zahlreiche Theorien zur Entwicklung unserer Persönlichkeit postuliert, von denen jede für sich Bücher füllt. Ich mache es mir nun leicht und picke mir die Rosinen aus dem Theorienkuchen, aber ich tue das nicht wahllos, sondern greife dabei auf jene zurück, die ich aufgrund meiner praktischen psychologischen und psychotherapeutischen Erfahrung und meines fachlichen Wissens, als wichtig erachte.

Bei Erwachsenen können wir bereits von relativ beständigen inneren Bildern ausgehen, wenn wir den Begriff Selbstbild verwenden. Beim Heranwachsenden sind es hingegen eher Konzepte, die sich verändern und verworfen werden.

Es ist Ihnen nun freigestellt, diese Erläuterungen zu überfliegen. Die Gründe warum ich mit der Schilderung der Persönlichkeit im Säuglingsalter beginne sind die folgenden:

- Die Kindheit umfasst jene Jahre, in denen durch die Abhängigkeit von Erwachsenen sehr viel erduldet werden muss und so „kindliche/jugendliche Überlebensregeln“ entwickelt werden, die später zu Problemen beitragen können und somit auf die Persönlichkeit eines erwachsenen Menschen Einfluss nehmen.
- Wenn ich sehe, welche Anforderungen, Herausforderungen oder welches Leid mir in meiner Kindheit und Jugend widerfahren ist,

ich mir aber trotzdem eine gute Lebenszufriedenheit erarbeitet habe und mit mir selbst und meinem Umfeld gerne lebe, kann das ein weiterer Baustein in meiner Selbstachtung und meinem Selbstwert sein.

- Wenn ich sehe, welche Anforderungen, Herausforderungen oder welches Leid mir in meiner Kindheit und Jugend widerfahren ist und ich mit Problemen in meinem Erwachsenenleben kämpfe, so kann dies den Anstoß dazu geben, mir kompetente psychologische Hilfe zu holen, um daran zu arbeiten, Selbstachtung und Selbstwert aufzubauen und so schrittweise zu lernen, mit mir und meinem Umfeld gerne zu leben.

Neugeborene nehmen sich zwar aufgrund fehlender Vergleichsmaßstäbe nicht als Selbst wahr, aber Selbstwahrnehmung findet sehr wohl von Geburt an statt. Man betrachtet die Geburt, als den eigentlichen Beginn des beobachtbaren Verlaufs der Selbstkonzeptentwicklung. Das Kind erlebt sich hauptsächlich über körperliche Empfindungen, denn in den ersten Lebensmonaten steht der Körper im Mittelpunkt der Aufmerksamkeit und des Selbstwerts. Der Säugling kann zwar noch nicht zwischen innen und außen unterscheiden, aber zwischen unangenehm und angenehm. Es ist anzunehmen, dass sich über diese Empfindungen die ersten und tiefsten, also die grundlegenden Gefühle gegenüber dem eigenen Körper bilden. So werden die Ereignisse, die Empfindungen auslösen und einem Kind ohne sein Zutun widerfahren (wie z.B. eine Krankheit oder die ablehnende Haltung einer Bezugsperson) dem noch nicht ausreichend entwickeltem Körper-Selbst zugeschrieben. Daraus entsteht das erste Selbstkonzept: „Ich bin unangenehm“. Diese Erfahrung prägt sich tief ein und kann negative Auswirkungen haben, wenn eine Umgebung vorhanden ist, die dem Kind feindliche Eindrücke vermittelt. Diese Eindrücke lassen die Welt dann feindlich gesinnt erscheinen.

sich spricht (z.B. sagt das Kind nicht mehr „Moritz hat Hunger" sondern „Ich habe Hunger"). Zu diesem Zeitpunkt zeigt sich der Beginn einer differenzierten Weltordnung des Kindes und die alten Selbstkonzepte wurden durch neue überlagert.

Ein Kleinkind ist sich sehr bald bewusst, dass seine Bedürfnisse oft nur nach der Überwindung von Hindernissen befriedigt werden können. Es erkennt, dass es Menschen gibt, die sich ihre Bedürfnisse leichter und selbstständig erfüllen können. Es erkennt, dass es Vorteile hat, groß, stark und erwachsen zu sein und damit eine Stellung zu haben, die dazu legitimiert, Anweisungen zu geben und zu fordern, dass diese auch befolgt werden. Ein Kind kann somit nun auch danach streben zu Größe, Stärke und Macht zu gelangen. Dieses Streben kann dann in einer gesunden Form seine Erfüllung finden, oder auch nicht.

Das hängt davon ab, ob ein Kind nun beginnt, seine Energie und Stärke für Handlungen zu nutzen, die selbstwirksam sind und auch Anerkennung und Respekt einbringen oder ob es damit spekuliert, Zuwendung zu erhalten, indem es seine Schwäche demonstriert. Es liegt nahe, dass die soziale Umwelt des Kindes Einfluss darauf hat, welche der beiden Richtungen es beschreitet. Wegweisend dafür sind Modellpersonen und das Erziehungsverhalten.

Der Einsatz der Sprache spielt für die Entwicklung des Selbstkonzepts eine bedeutsame Rolle. Mit dem Erlernen dieser entwickelt sich das Selbstkonzept des Kindes ständig und schnell weiter. Es lernt Regeln der Gemeinschaft, Worte, deren Bedeutung und ihren Einsatz.

Kinder lernen in der sozialen Verwendung der Sprache, eigene Gedanken und Wünsche auf andere abzustimmen und auf diese einzugehen. Sie bringen sich dabei aber auch selbst zur Geltung und grenzen sich von anderen ab. Je nachdem wie das gelingt, lernen sich Kinder selbst wahrzunehmen und zu beurteilen.

Die zweite Komponente der Identitätsentwicklung sind die Selbstgespräche, denn darin erfolgt das Nachdenken über sich selbst, das eigene

Verhalten, eigene Vorhaben und vieles mehr. Kinder führen diese Selbstgespräche im Spiel durch. Man kann durchaus sagen, dass das Spiel die Arbeit des Kindes ist, durch die es auf die Aufgaben des Erwachsenenlebens vorbereitet wird.

Selbstgespräche stellen eine Art Probehandeln dar und einen Versuch, sich selbst so zu beurteilen, wie andere es tun würden. Auch im Erwachsenenalter ist das Selbstgespräch eine durchaus übliche Art, Aufgabenstellungen zu durchdenken. Allerdings vollziehen sich diese dann im Inneren, meist unhörbar für die Umgebung.

Es hängt viel davon ab, wie ein Kind gelernt hat, sich selbst und seine Umwelt zu sehen. Im Umgang mit den ersten Bezugspersonen macht es eine wichtige Erfahrung – wird es angenommen und geliebt oder abgelehnt und missachtet? Am verbalen und nonverbalen Verhalten der Bezugsperson erfährt das Kind wichtige Dinge über sich selbst, es spürt, ob es von seiner Bezugsperson als angenehm empfunden wird, ob es gerade noch geduldet wird oder ob es ihr gar zur Last fällt. So wie die Bezugsperson das Kind sieht, so sieht es sich auch selbst. So wie die Bezugsperson über das Kind spricht, so spricht es über sich selbst. Die Reaktionen der Bezugsperson werden zum Fokus für die eigenen Wahrnehmungen. In deren Augen spiegelt sich nämlich erstmals die Antwort auf die Frage: „Wer bin ich?"

Das Selbstkonzept entspringt zwei Quellen: Einerseits aus der individuellen Erfolgs- und Misserfolgs-Erfahrung. Das sind die Handlungsergebnisse, an denen ein Mensch z.B. erkennen kann, was er kann oder wie er arbeitet. Ein Kind baut beispielsweise einen Bauklotzturm, er ragt vor dem Kind beachtlich in die Höhe. Es ist zufrieden mit dem Ergebnis, die Durchführung der Handlung war erfolgreich. Andererseits entspringt das Selbstkonzept auch den Rückmeldungen, die ein Mensch aus seinem sozialen Umfeld erhält. Was könnte nun jemand zu dem, über seinen Bauerfolg strahlenden Kind, sagen? Was haben Sie in Ihrer Kindheit häufig wahrgenommen? Lob, Aufmunterung, Motivation, Zutrauen oder Tadel, Unzufriedenheit und Misstrauen?

Die Wahrnehmung und das Handeln werden stark vom allgemeinen Selbstwertgefühl eines Menschen gesteuert. Menschen deren Selbstwert großteils positiv ist, lassen sich nicht durch einzelne Misserfolge aus der Bahn werfen. Ein niederer Selbstwert führt eher dazu, dass die betreffende Person den Misserfolg als Bestätigung ihres Selbstkonzepts sieht und oft ängstlich und unsicher reagiert.

Wird das Selbstwertgefühl zu stark verletzt, so kann diese Verletzung die Entwicklung der Persönlichkeit beeinträchtigen und dazu führen, dass das Individuum zusammenbricht.

Ein Bereich in dem eine Verletzung des Selbstwertgefühls erfolgen kann, ist die Erziehung. Bei der Erziehung sollten weder strenge, noch milde Methoden eingesetzt werden, es sollte ein wertschätzender und liebevoller Umgang mit dem Kind im Vordergrund stehen. Verständnis für das Kind ist ebenso notwendig, wie die fortwährende Ermutigung, sich seinen Problemen zu stellen und sie zu lösen sowie Gemeinschaftsgefühl zu entwickeln. Entmutigende Vergleiche mit anderen Kindern sowie Verzärtelung und Vorgaukeln der heilen Welt sollten ebenso gemieden werden, wie die Weitergabe einer pessimistischen Weltsicht.

Das Ziel der Entwicklung sollte immer Autonomie und Unabhängigkeit sein. Autonomie kann der junge Mensch jedoch nur erlangen, wenn Trennungstendenzen toleriert werden. Werden hingegen den Kindern von ihren Eltern Schuldgefühle vermittelt weil sie sich ein wenig ablösen und versuchen, autonomer zu werden, so kann es dazu kommen, dass die Selbstwertregulation des Kindes an die Übernahme der Rollen seiner Familie gebunden bleibt, was wiederum der Genese von Verhaltensstörungen förderlich ist. Wie soll ein Mensch sein eigenes Leben zu leben lernen, wenn er von seinen Eltern oder Bezugspersonen dazu angehalten wird, das ihrige 1:1 zu übernehmen?

Der Lebensstil eines Menschen, wird gewöhnlich festgelegt, wenn er ca. vier oder fünf Jahre alt ist. Er drückt die in einem bestimmten Umfeld erworbene individuelle Lebensauffassung aus. Es handelt sich dabei um ein Grundmuster von Meinungen, die wir in unserer Kindheit bilden und die dann, als eine Art Vorurteil jede Wahrnehmung und jede Handlung während unseres ganzen Lebens mitbestimmen, sofern wir uns nicht bewusst damit auseinandersetzen und Veränderungen anstreben.

Menschen können aus ihren Erfahrungen sehr wohl lernen und sollten dies auch tun. Menschen, die die Ursachen eigener Fehler nicht beheben wollen oder diese Fehler gar anderen Menschen zuschreiben, sehen sich selbst nie als schuldig. Die Schuld für alles was nicht geklappt hat, liegt immer bei anderen. Solche Menschen machen wenige Anstrengungen, sich mit eigenen Defiziten oder eigenem Fehlverhalten auseinanderzusetzen. Sie verharren allerdings mit Inbrunst darin, Ursachen dort zu finden, wo es ihnen genehm ist. Natürlich schreibt sich das alles recht einfach, sich jedoch tatsächlich selbst zu erkennen und zu ändern, ist wohl das Schwerste für einen Menschen.

Was tut ihr, damit ich, ich werden kann?

Was und wie trägt nun die Familie zur Persönlichkeitsentwicklung bei?

Die Familie soll ein Erlebnisbereich sein, der allen Mitgliedern andere Erfahrungen als das Berufsleben vermittelt. So wird von vielen Menschen der Wunsch geäußert, dass sie hier einen Ort finden, an dem sie sich ausruhen und erholen können. Durch dieses und in diesem System möchten sie ihren Kindern eine Entwicklung ermöglichen, die sie dann auch für das spätere Leben außerhalb der Familie befähigt.

Die Familie soll somit ein System zur individuellen Bedürfnisbefriedigung ihrer Mitglieder sein, wobei sie aber auch dazu dienen soll, ge-

Mit Fantasiewesen oder Symbolen kann man sich und andere auch gut identifizieren oder beschreiben. Man wahrt dabei Distanz, gibt nicht unbedingt zu Persönliches preis, aber unterstützt die bildliche Vorstellung.

Einen weiteren Einsatz finden mystische Objekte oder Symbole in Form eines Talismans, der eine magische Form von Schutz geben soll. Viele haben einen, nicht alle geben es preis – und viele glauben wohl zumindest ein klein wenig dran.

Die Waldviertler-Erdgeistchen vereinen Persönlichkeitsstil, Mystik und Fantasiewelt. Vielleicht übernehmen sie bei manchen LeserInnen auch die Funktion eines Kraft- oder Schutzwesens?! Wie und warum erfahren Sie beim Weiterlesen!

Heinzelmänner, Kobolde, Hausgeister

Wer kennt sie nicht, die wundersame Welt dieser Geschöpfe? In Form von Märchen, Sagen oder mündlichen Überlieferungen riefen sie in der Kindheit vieler Menschen schönschauriges Staunen oder freudige Neugier hervor sowie die Hoffnung, einmal ein Fabelwesen mit eigenen Augen sehen zu können. Auch im Erwachsenenalter bleibt so mancher Mensch offen für Geschichten aus dem Zauberreich von Elfen, Feen, Trollen, Geistern, Zwergen und deren Verwandten. Warum wohl sind die Harry Potter-Bücher so ein Erfolg? Sicher nicht deshalb, weil Joanne K. Rowling sich gut verkaufen kann, sondern weil sie es schafft unser Bedürfnis nach Magie auf ganz besondere Art zu befriedigen. Man kann eintauchen in diese fantastische Welt und alles rundherum vergessen. Man kann sich mit Protagonisten identifizieren oder findet Ähnlichkeiten zu geliebten, wie ungeliebten Personen in unserem realen Leben. Ich liebe ihn, Dobby, den Hauself im Hause Malfoy.

„Wie alle Hauselfen ist Dobby nur etwa kniehoch und hat eine piepsige, aber sehr durchdringende Stimme. Seine Augen gleichen Tennisbällen und als Harry ihn kennenlernt ist ein dreckiger Kissenbezug Dobbys einziges „Kleidungsstück". Damals ist Dobby eigentlich der Sklave der altehrwürdigen Zaubererfamilie der Malfoys und müsste diesen treu ergeben sein. Aber Dobby ist mit seinem Sklavendasein nicht zufrieden. Anders als alle anderen Hauselfen möchte er lieber selbst entscheiden, wem er dient. Er macht sich ganz unelfisch seine eigenen Gedanken und setzt sich für Harry und gegen Lord Voldemort und dessen Anhänger ein – also auch gegen seinen derzeitigen Gebieter Lucius Malfoy"

www.harrypotterwiki.de

Ich kehre nun wieder zu Dobby, Gollum und allen mit ihnen verwandten Wesen zurück. Wo ist ihr Ursprung – in unserer Fantasie, in überlieferten Geschichten, Märchen und Sagen?

Die Heinzelmännchen kommen der Sage nach aus Köln. Sie werden als kleine, nackte Männchen beschrieben, die den Menschen Hausarbeiten abnahmen, aber bei ihrer nächtlichen Arbeit nie von den Menschen beobachtet werden durften, denn sonst verschwanden sie für immer.

Kobolde sind Hausgeister, die das Haus zwar beschützen, jedoch die Menschen oft necken. Pumuckel, der Meister Eder zwar hilft, aber den Kopf voller Streiche hat, zählt auch zu dieser Gattung. Nennt man Kobolde Heinzelmännchen, so sind manche zutiefst beleidigt. Das ist wohl vergleichbar mit aufgeweckten Kindern, die nicht gerne als brav bezeichnet werden. Oder quirligen, kreativen Menschen, die nicht begeistert wären, als konservativ zu gelten. Wichtel sind den Kobolden ähnlich, aber entstammen nordischen Gebieten. Ebenso die Zwerge, welche oft mit Zauberkräften ausgestattet sind und als schlau und listig gelten.

Zusammengefasst werden diese mystischen Wesen auch unter der Bezeichnung Elementargeisterchen. Das bedeutet, dass sie den vier Elementen zugeordnet sind. Die Gnome oder Erdgeister der Erde, Undinen oder Wassergeister dem Wasser, Sylphen oder Luftgeister der Luft und Salamander oder Feuergeister dem Feuer.

Unabhängig davon, ob man an die Existenz magischer Wesen glaubt oder sich nur voller Fantasie der Sehnsucht nach Magie hingibt, ist es spannend zu erfahren, wie die Gestalt, das Leben und Wirken von Erdgeistchen beschrieben wird.

Erdgeister sind vielfältig in Gestalt, Form und Aufgabengebieten. Zu ihnen gehören neben den Baum-, Wald und Wiesengeistern, allen Zwergenarten und Elfen auch die Riesen, die über die mächtigen rohen Kräfte der Erde wachen. Die Erdwesen verfügen über eine starke Verbindung zur Erde und haben ein tiefgehendes Verständnis für deren Urkräfte. Sie versorgen die Erde und verfügen über allerlei magische Zauberkräfte: Sie kennen die Kräfte der Manifestation (die Kraft, durch die eine Idee langsam und beständig sichtbare Formen annimmt) und der Materialisation (die Kraft, durch die aus dem Nichts plötzlich eine Form entsteht). Sie kennen die Kräfte des Werdens und Vergehens, der ewigen Zyklen. Sie hüten uralte Erdrituale, die Traditionen sowie die Weisheit und verfügen über große Reichtümer und Schätze.

Erdwesen, von denen es männliche und weibliche gibt, weisen folgende Hauptmerkmale auf. Sie sind stets unverhältnismäßig klein oder groß. Ihr Körper ist eher füllig, doch können sie ihre Gestalt nach Belieben verändern. Ihre Gesichter sehen oft aus wie die Haut der Erde: zerfurcht, knubbelig, in Falten gelegt, wie in Stein und Felsen gehauen. Sie sind meist vergnügt und froh, haben viel Humor und treiben gerne ihren Schabernack mit den Menschen. Sie leben in allen Gebirgsgegenden den steilen, felsigen Hängen und Schluchten, in knorrigen Wurzeln, mächtigen Bäumen usw. Sie dichten und reimen gerne und lieben es, diese Reime in einem gleichförmigen Singsang zu wiederholen. Sie sind fleißig und unermüdlich am Arbeiten, so dass die meisten Handwerker sind, die ordentlich zupacken können.

Die Tore in die Erdwelten liegen in alten Wurzeln, Höhlen, Grotten etc. Da die Erdgeister ihr Element vollkommen beherrschen, können sie sich in vielen Erscheinungen materialisieren, z.B. in Form sämtlicher Tiere der Erde. Sie können blitzschnell unsichtbar werden und wieder auftauchen, ebenso wie sie Dinge verschwinden und wieder sichtbar werden lassen können. Ihre Aufgabe ist es, die Erde und ihre Kräfte zu schützen, sie zu hegen und zu pflegen sowie sich um andere Lebensformen zu kümmern. Die Erdgeister geben der Erde ihr lebendiges Gesicht. Teile der Erde, die nicht von ihnen bevölkert sind, sind tot und unfruchtbar.

Geschenke und Gaben der Erdwesen sind magische Gegenstände wie Tarnkappen oder Tarnmäntel, die dem Träger die Kraft verleihen, sich unsichtbar zu machen, oder Amulette oder Münzen, die Reichtum und Überfluss schenken, oder aber fassbarere Schätze wie Edelsteine, Gold, Silber und andere Schätze der Erde. Die Erdgeister bringen uns inneren um ein gutes Zusammenleben. Sogar von amtlicher Seite bestehen diese Bemühungen und äußern sich darin, dass das Bauamt der Hauptstadt Reykajavík eine Elfenbeauftragte, Frau Erla Stefánsdóttir, beschäftigt. Sie hat diese Wesen kategorisiert und beschreibt, dass sie in sehr unterschiedlichen Gestalten und Größen auftreten. Sie sind überall in der Natur zu finden: auf dem Wasser, an Seen, Flüssen, am Meer und in den Bergen. Sie hausen in Steinen und im Moos, ebenso wohnen sie in dampfenden Schwefelquellen. Es gibt lange dünne und kleine wohlgenährte Elfen. Huldufolks, das bedeutet „versteckten Leute", sollen den Menschen zum Verwechseln ähnlich sehen. Sie werden als sehr sozial beschrieben und tragen zumeist farbenfrohe Kleidung. Jardvergar, das sind Gnome, werden nur zehn bis zwölf Zentimeter groß und leben in ähnlichen Familienverhältnissen wie Menschen. Trolle hingegen können dem Menschen durch ihre Zauberkräfte gefährlich werden, wenn sie nächtens ihre Grotten und Höhlen verlassen. Kehren sie jedoch nicht vor Sonnenaufgang in ihre Behausungen zurück, verwandeln sie sich zu Stein. Dvergar, die Zwerge haben eine farbenreiche Aura und erreichen die Größe von drei- bis fünfjährigen Kindern. Sie gelten als temperamentvoll und schwer einschätzbar, da einige von ihnen freundlich, andere aber als kühl bis unhöflich auftreten.

Ob ein Mensch ein Elementargeistchen zu Gesicht bekommt, entscheidet allein dieses. Oder man gehört, wie Erla Stefánsdóttir, zu den wenigen Menschen, die in der Lage sind, in die Welt jener unsichtbaren Wesen hineinzuschauen. Auch wenn sie vermutlich von vielen und sogar selbst von den Erwachsenen ihrer Familie für seltsam gehalten wird, ist ihre Tätigkeit eine hochoffizielle.

Die Elfenbeauftragte kennzeichnet in Stadtplänen und Landkarten jene Stellen, wo diese Zauberwesen laut Überlieferung leben. Dort darf dann nicht gebaut werden, da Erdwesen scheu sind und durch Baulärm verscheucht werden könnten, wodurch die Harmonie zwischen Natur und Mensch immer mehr gefährdet würde. Die „Landkarte der verborgenen Welt" wo die Wohnsitze und Wege der Elfen gekennzeichnet sind, gibt es auch zu kaufen. Magieungläubige unterstellen den Isländern touristische Vermarktung von Märchen und bezeichnen die Elfenbeauftragte als verrückte Frau mit einem starken Hang zur Esoterik. Menschen die hingegen Freude an der Fabelwelt haben, werden mir zustimmen, dass neben unserem realen Alltag, auch die magischen Welten der Heinzelmänner, Kobolde, Hausgeister und Waldviertler Erdgeistchen existent sein dürfen.

„Ich wünsch mir auch so ein Auge, mit dem man Abenteuer sehen kann!" soll die Enkelin von Frau Stefánsdóttir gesagt haben.

Öffnen Sie nun Ihr Abenteuerauge und versuchen Sie, in die Welt der Erdgeistchen hineinzuschauen.

Die Pforte zu Tiomone

Bevor man in die Welt der Erdgeistchen gelangt und ihre Persönlichkeit kennenlernen darf, durchquert man Tiomone. Jede Person wählt ihre individuelle Route, welche sie sich mit Hilfe der Landkarte von Tiomone zusammenstellt. Es gibt Menschen die Tiomone als sehr gefährlich wahrnehmen. Andere wieder meinen, es sei ein wunderschönes Land. Es gibt auch welche, die sich in diesem Land überhaupt nicht zurechtfinden und hilflos umherirren, aber auch diese BesucherInnen werden ihren Weg durch Tiomone finden.

Am Tor zu Tiomone, stehen WächterInnen. Sie gehören zu der Gattung der SyplogochInnen, das sind SeelenwichtelInnen die überall dort zum Einsatz kommen, wo etwas verschüttet, versenkt oder verborgen ist. Sie tauchen in tiefe Gewässer und bergen dort Schätze, wühlen in Moor und Schlamm oder schaufeln etwas weg, das sich mit der Zeit so angehäuft hat. Sie mögen es nicht, wenn man versucht sich an ihnen vorbeizuschummeln um einfach so nach Tiomone hinein zu schleichen. Deshalb verärgern Sie sie besser nicht und stellen sich der Herausforderung der drei Aufgaben. Es kann sein, dass Sie dabei etwas Wertvolles erhalten.

- Die erste Aufgabe besteht darin, das Tor des Befindens zu öffnen.
- In der zweiten sind sie aufgefordert, in ihrem Leben, der Kindheit und Jugend zu stöbern.
- Die dritte ist ganz einfach, denn sie besteht in der Wahl Ihrer Wanderausrüstung.

1. Aufgabe

Gehen Sie in sich und überlegen Sie, wie Sie sich heute Morgen gefühlt haben, kurz nachdem Sie aufgestanden sind. Dann rufen Sie Ihren Stimmungsverlauf bis zum jetzigen Zeitpunkt in Ihr Gedächtnis.

Hat sich Ihr Befinden verändert? Wie hat es sich verändert?

Wodurch ist das geschehen? Haben Sie Einfluss auf solche Veränderungen?

Fühlen Sie sich mit der momentanen Stimmung wohl?

Mit welchen Begriffen der Liste ist diese zu beschreiben?

aggressiv	entspannt	großzügig	sehnsüchtig
aktiv	erwartungsvoll	heiter	sinnesfroh
albern	freudvoll	leidenschaftlich	stürmisch
ahnungsvoll	gedrückt	melancholisch	tiefgründig
ängstlich	gelangweilt	mutig	träumerisch
ärgerlich	gelassen	nachdenklich	umtriebig
bedrohlich	gemütlich	neugierig	vorsichtig
beflügelt	genervt	niedergeschlagen	weltoffen
energisch	gesprächig	offensiv	zielstrebig
entschlossen	gleichgültig	optimistisch	zuversichtlich

Haben Sie Einfluss auf Ihre Stimmung?

Lassen Sie Ihre Erkenntnisse etwas einwirken und gehen Sie dann forsch an die zweite Aufgabe heran.

2. Aufgabe

Tauchen Sie in Ihr tägliches Denken und Handeln ein und überlegen Sie ob und welche Lebensregeln, Sie durch Ihr Leben begleiten:

Man muss immer …

Man sollte …

Man darf niemals …

Auf jeden Fall, will ich mir beibehalten, dass …

Ich kann es nicht auszuhalten, dass …

Auf jeden Fall, möchte ich verhindern, dass …

Ein großer Anteil der Lebensregeln entsteht in unserer Kindheit und Jugend. Damals mögen diese Regeln für unser Überleben wichtig gewesen sein, aber sind sie es heute immer noch? Oder hemmen sie uns?

Wenn Sie Ihre persönlichen Lebensregeln erforscht haben, lassen Sie sich vielleicht dazu verführen, sich aus einem kunterbunten Gemisch von Lebensregeln fünf neue auszusuchen und diese in nächster Zeit auszuprobieren?!

Ich greife nach den Sternen, aber bleibe mit den Füßen auf der Erde
und erfreue mich täglich an dieser.

Wenn ich etwas nicht bekomme, kann das manchmal auch
eine wunderbare Fügung des Schicksals sein.

Ich verbringe jeden Tag einige Zeit mit mir selbst.

Ich mache jeden Tag etwas, wovor ich ein bisschen Angst habe.

Ich besuche einmal im Jahr einen Ort, den ich noch nicht kenne.

Ich mache einmal im Jahr etwas, das ich noch nie gemacht habe.

Wenn ich streite, beziehe ich mich nur auf die aktuelle Situation
und lasse die Vergangenheit ruhen.

Ich versuche Veränderungen mit offenen Armen zu begegnen,
aber bleibe meinen Werten treu.

Ich akzeptiere, dass Freunde kommen und gehen, aber mit ein paar
davon bleibe ich verbunden und arbeite stetig an meinen Beziehungen.

Ich meide laute und streitsüchtige Menschen,
denn sie sind eine Qual für den Geist.

Ich versuche niemals fahrlässig mit den Herzen anderer Menschen umzugehen und meide Menschen, die fahrlässig mit meinem Herzen umgehen.

Ich versuche, mich an Lob und Komplimente zu erinnern und Beleidigungen zu vergessen. Und wenn mir das gelingt, dann soll ich der Autorin dieses Buchs schreiben, wie ich das gemacht habe.

Ich versuche mir selbst und anderen gegenüber freundlich zu sein und experimentiere damit heftig.

Ich versuche keine Gefühle vorzuheucheln, wo ich keine empfinde, da ich mir damit selbst schade und andere verletze.

Ich zeige Respekt für mich selbst, für die anderen und übernehme Verantwortung für alle meine Handlungen.

Ich versuche in der Öffentlichkeit hin und wieder albern zu sein und mir keine Gedanken darüber zu machen, was die Leute denken könnten.

Ich darf Fehler machen, denn sie sind menschlich, aber ich gebe diese auch zu.

Ich versuche Probleme als Lösungen in Arbeitshosen zu betrachten.

Jetzt haben Sie es schon fast geschafft, nach Tiomone einreisen zu dürfen. Aber ohne Reisegepäck und -bekleidung wollen Sie doch sicher nicht gehen? Sie können natürlich auch in Adams und Evas Kostüm durch dieses Land ziehen, denn wenn Sie die entsprechende Route wählen, gibt's genug Seelenwärme und Freudensonne. Vergessen Sie nicht, dass auch ein Pyjama, Nachthemd oder Badeanzug als Kleidung gilt. Wir verkleiden uns im Fasching, somit zählt auch jede Verkleidung als Kleidung. Als Pirat, Hexe oder Prinzessin durch Tiomone zu schreiten, kann neue Erfahrungen bringen. Wenn es Ihnen ein Bedürfnis ist, können Sie auch eine Reisebegleitung wählen.

3. Aufgabe

Setzen Sie sich an einen Ort, wo Sie sich entspannen können und schalten Sie Ihr inneres Auge ein, vor diesem schreiten Sie dann in Ihrer gewählten (Ver-)Kleidung auf und ab und prüfen, wie Sie sich damit fühlen:

Welche (Ver-)Kleidung wählen Sie für diese Reise?

Welche Farben hat Ihre gewählte (Ver-)Kleidung?
Warum mögen Sie diese Farben?

Warum mögen Sie diese (Ver-)Kleidung?

Reisen Sie mit viel oder wenig Gepäck oder sogar völlig ohne?

Gibt es Dinge, die für Sie wichtig oder wertvoll sind und die Sie mitnehmen möchten?

Wählen Sie eine Reisebegleitung?

Wenn ja, wen wählen Sie und warum?

Sie haben nun alle Aufgaben erfüllt und die SyplogochInnen lassen Sie passieren. Mit dem Losungswort von Francis Picabia „Der Kopf ist rund, damit das Denken seine Richtung wechseln kann.“ werden Ihnen alle anderen verschlossenen Tore auf dem Weg zum Reich der Erdgeistchen geöffnet.

Reise durch Tiomone

Erschrecken Sie nicht, wenn sich nun vor Ihnen ein Gefühlsdickicht und ein Eigenschaftenurwald auftut oder eine Stimmungslawine herniederdonnert – so ist es nun mal, im Land Tiomone. Überlegen Sie beim Durchwandern, welche Landesteile Sie ansprechen und wo Sie sich zu Hause fühlen könnten. Sie werden auch neutrale Teile durchschreiten, ebenso wie solche, die Sie so gar nicht mögen, wo sie sich gar nicht zu Hause fühlen und die Sie möglichst schnell wieder verlassen möchten.

Auch kann es sein, dass Sie bei Ihrer Wanderung durch Tiomone, auf Personen aus Ihrem Familien- oder Freundeskreis, auf Bekannte, ArbeitskollgeInnen oder andere Ihnen bekannte Menschen treffen. Wie Sie diese Zusammentreffen gestalten, bleibt Ihnen überlassen. Tiomone hat jedoch einen Zauber, den ich Ihnen noch nicht verraten habe. Alles was Sie in Tiomone tun, verlässt dieses Land nicht. Kaum verlassen Sie Tiomone, ist es ungeschehen. So habe ich Herrn Namlu Siritma, die Führungskraft eines großen Konzerns, in dem ich früher gearbeitet habe, in Extravertiko entdeckt, wie er sich an einen Durchreisenden anheftete und diesem aufdringlich von seinen Erfolgen erzählte, ohne zu bemerken, dass es dem Fremden unangenehm war und der auch ständig versuchte, sich von der Anhänglichkeit des Herrn Siritma zu befreien. Als der Fremde sich nicht mehr anders zu helfen wusste und zu Herrn Siritma sagte, er lege keinen Wert auf seine Gesellschaft und wolle alleine weitergehen, wurde Herr Siritma zornesrot im Gesicht und begann laut Beleidigungen zu brüllen, wie undankbar dieser Durchreisende doch sei. Flüche ausstoßend raste das Führungskraftwesen in die Ärgerschluchten und blieb sehr, sehr lange in diesen verschollen. Was dort dann wohl passiert ist?

Nutzen Sie nun alle Möglichkeiten von Tiomone und machen Sie sich nun zur besseren Orientierung mit der Landkarte von Tiomone vertraut

Sie finden hier verschiedene Landstriche:

- Konzentranien
- Aktiviertisan
- Antriebsdefizitanien
- Müdoposporus
- Extravertiko
- Introvertan
- Selbstsicherungsland
- Stimmungsbergen
- Mimosenland
- Ärgerschluchten
- Ängstlichseen
- Trauerweidenbach
- Traumsam

Ja, es sind genau 13 unterschiedliche Landschaftsformen. So bringt im Märchen Dornröschen die 13. Fee Unglück und wir betrachten auch so die Zahl 13 oft als Unglückszahl. Zu Unrecht, denn die Zahl 13 entspricht dem Mond und wird daher dem Weiblichen zugeordnet, da das alte matriarchale Jahr aus 13 Monaten bestand, denn es gibt dreizehn Mondumläufe im Jahr. Durch Zuschreibung des Bösem zur 13 wurde versucht, das Weibliche aus der patriachalen Welt draußen zu halten – nicht so aus Tiomone, deshalb sind und bleiben es 13 Landstriche.

Konzentranien

In Konzentranien herrscht eine angenehme, kribbelnde Spannung. Ideenquellen sprudeln und Bächlein klaren Denkens durchziehen beständig und ausdauernd das Land. Wissensstau benetzt jeden Morgen die Vegetation. Aufmerksame Wesen wandern achtsam und mit wachem Interesse durch die hügelige Landschaft. Scharfsinnige Wege sind sorgsam und klug angelegt. Schlaue, gelehrige Wesen sind hier ebenso zu finden, wie aufgeweckte, die aber dabei durchaus besonnen sind und hellhörig nach neuem Wissen forschen.

Jedoch durchziehen auch hin und wieder penetrante, stechend, beißende Gerüche das Land. Dann werden manche Wesen unruhig und angespannt und können nicht aufhören ihr Wissen anzuhäufen und es zu komprimieren, um möglichst viel Vorräte speichern zu können. Es geht ihnen danach gar nicht gut und viele ziehen dann um nach Müdopospous oder Antriebsdefizitanien.

Jene die sich bei solchen Geruchsstürmen die Nase zuhalten oder das Fenster schließen, nutzen diese Zeit um einen Ausflug nach Aktiviertisan oder Stimmungsbergen zu machen.

Aktiviertisan

In Aktiviertisan herrscht lustvolles Treiben. Tatkräftige Wesen sind emsig am Tun. Das Tun ist so vielfältig, dass eine Aufzählung hunderte von Buchseiten füllen würde, warum ich gar nicht damit beginnen werde. Denn wer sich hier zu Hause fühlt, der kennt jene Aktivitäten, die für ihn wichtig sind sowieso.

Bunte Interessenswolken schweben hier am Himmel. Energische Wasserfälle rauschen willensstark und zielbewusst über das glitzernde Gestein. Unermüdlich bahnen sich hier arbeitslustige Bewohner sehr entschieden ihren Weg durch die Menge. Andere sitzen mit Wohlbehagen in einer schöpferischen Pause im Wald der Energie um mit solcher aufgetankt zu werden und regsam neue Herausforderungen in Angriff zu nehmen.

Zwar wird dieser Landteil nicht von Geruchsstürmen heimgesucht, doch befällt manche BewohnerInnen eine rasende Verwirrtheit, wenn sie vergessen, regelmäßige Pausen im Wald der Energie einzulegen. Die Auswirkungen sind fatal, denn sie finden sich dann plötzlich in Antriebsdefizitanien, Müdoposporus oder Trauerweidenbach wieder, obwohl sie eigentlich gar nicht dort wohnen wollen. Sie rufen dann die SyplogochInnen, damit ihnen diese helfen, den plötzlich verborgenen Weg in ihr ursprüngliches Zuhause wieder zu finden.

Antriebsdefizitanien

Der Landstrich Antriebsdefizitanien ist ein sehr trister; Grautöne, gemischt mit Ocker und Schwarz dominieren die Gegend. Am Ufer des Baches, der in einem breiten kargen Bachbett kraftlos vor sich hin fließt, sitzen energielose Wesen und starren teilnahmslos in das bleiern wirkende Wasser. Auf den zerfurchten Wegen schleppen sich temperamentlose Gestalten langsam und schwerfällig dahin. Viele von ihnen sind nachlässig gekleidet und gehen wenig liebevoll mit sich um. Dumpfe Passivität liegt in der Luft und hüllt die Bewohner in geistesabwesendes Schweigen. Die Stimmung ist einschläfernd, man wird denkfaul und lasch, wenn man sich hier als Durchreisender zu lange aufhält. Jene Wesen die in rasender Verwirrtheit nach Antriebsdefizitanien gelangt sind, brauchen jedoch viel Schlaf und Ruhe, um wieder in ihre Heimat zurückzufinden.

Müdoposporus

Die Landesgrenze von Antriebsdefizitanien zu Müdoposporus ist so verwischt, dass man den Übergang als fließend bezeichnen kann. Jedoch ist dieser Teil von Tiomone ein sehr zentraler, den fast alle Wesen hin und wieder besuchen. Jene die den Besuch bewusst planen, bleiben nur eine bestimmte Zeit um dann wieder in ihren Lebensraum zurückzukehren. Jedoch all die Wesen, die entweder in Verwirrtheit ins Land getorkelt kommen oder eines Tages plötzlich hier, statt in ihrem Wohngebiet aufwachen, haben oft Probleme den Aufenthalt kurz zu halten.

Die Bodenbeschaffenheit ist wattig bis flauschig. Man sinkt bis zu den Knien ein und hat Mühe beim Gehen. Seichte, trübe Seen machen das Klima hier bleiern und schwer. Es ist zu beobachten, dass so manche Gestalten plötzlich ermattet einknicken, sich dann im flauschigen Erdreich zusammenkuscheln und erschöpft und ausgepowert versuchen, Schlaf zu finden. Einige raffen sich dann nach einiger Zeit hoch, um etwas ausgeruhter weiter zu wandern. Andere sind aber so mitgenommen und abgearbeitet, dass sie immer nur wenige Schritte schaffen, bevor sie wieder fassungslos, ob der Schlaffheit, in sich zusammensinken. Sie wirken zermürbt und so verlässt sie dann jegliche Motivation weiter zu kommen, sie geben sich ihrem Schicksal hin und klagen leise, dass sie ausgelaugt, erschlagen, gestresst, erholungsbedürftig, erledigt, urlaubsreif und abgeschlafft sind und doch so gerne nach Aktivertisan oder Stimmungsbergen wollen. Sind sie noch nicht völlig entkräftet und können noch SyplogochInnen zur Unterstützung rufen, dann schaffen sie es nach einiger Zeit doch wieder raus aus Müdoposporus.

Extravertiko

In Extravertiko wechseln sich frischgrüne Hügeln, mit anschmiegsamen Bergen und flachem freimütigen Land ab. Zwischen geselligen urbanen Teilen sprießen menschenfreundliche, offene Dörfer. Begierige Seen, erwartungsvolle Bäche, ungeduldige Flüsse – alles reiht sich hier kunterbunt aneinander. Es schillert und strahlt der Himmel, obwohl er zwischendurch bunte warme Regentropfen fallen lässt. Wesen die hier beheimatet sind, treten meist in größeren Gruppen auf. Sie arbeiten, plaudern, lachen, diskutieren, spielen oder betreiben gemeinsam Sport. Ihr Auftreten ist selbstsicher und ihre Tätigkeiten führen sie mit einer energischen Heiterkeit durch. Manche übernehmen gerne die Führung oder Leitung von Projekten oder Gemeinschaftsaktivitäten. Im Umgang mit anderen sind sie lebhaft, gesprächig und schlagfertig sowie des Öfteren zu Streichen aufgelegt. Oder sie warten in atemloser Spannung auf neue Herausforderungen um sich diesen aktiv und optimistisch zu stellen.

Durchreisende denen das Verhalten der ExtravertikonerInnen fremd ist, fühlen sich hier oft bedrängt, zumal es Wesen gibt, die sehr zutraulich und anhänglich, um nicht zu sagen distanzlos, sind. Sie schmiegen sich an Durchreisende an und erzählen leutselig Intimitäten aus ihren Leben, die ihre Gegenüber eigentlich gar nicht hören wollen. Andere wieder bedrängen ihre Umwelt mit ihrem Enthusiasmus und ihrem Tatendrang und wirken auf diese Weise aggressiv. Aber da es nicht nur solch extreme Wesen in Extravertiko gibt, können sich auch all jene hier für einige Zeit wohl fühlen, deren Welt Extravertiko eigentlich nicht ist. Diese freuen sich dann, in den Extravertiko gegenüberliegen Landesteil, nach Introvertan, zu gelangen.

Introvertan

Die Vegetation und die Bewohner des Landstriches Introvertan schöpfen ihre Energie aus stetig und leise sprudelnden Quellen in ihrem Inneren. Eine beschauliche Landschaft mit üppig wachsenden Pflanzen in harmonischen Farben, mit sanften Hügeln und großen, spiegelnden Seen mit grünblauem Wasser. Man sieht nie bis auf den Grund dieser Gewässer, weil sie so tief sind und diese Tiefen bergen reichhaltige Schätze.

Die Wesen von Introvertan sind meist ausgeglichen, zurückhaltend und konzentriert bei einer Sache. Sie lieben es, allein und unabhängig zu sein. Sie sind reich an Ideen und bevor sie handeln, denken sie ausgiebig über die Dinge nach. Arbeit in kleinen Gruppen wird gegenüber Arbeit in großen Gruppen bevorzugt. Manche von ihnen sind gute Zuhörer und wenn sie sich bei einer Person und in einer Situation wohl fühlen, öffnen sie sich auch ihrem Gegenüber. Ihr Freundeskreis ist eher klein, wird jedoch gut gepflegt. Sie brauchen nicht den ultimativen Kick, nicht ständige neue Reize oder geselliges Treiben um zufrieden zu sein, sondern Ruhe, Beschaulichkeit und Gleichmäßigkeit. Nie würden sie die Grenze von anderen missachten oder sich distanzlos verhalten. Es wäre falsch, zu denken, sie seien humorlos – ihr Humor ist ein tiefsinniger. Viele von ihnen lachen auch gerne und herzlich – aber nicht unbedingt laut und schallend. Aber auch hier gibt es nicht nur extreme Verhaltensweisen, es gibt hingegen ganz viele, die regelmäßig zwischen Extravertiko und Introvertan pendeln.

Selbstsicherungsland

Die Wiesen leuchten in saftigen, satten Grüntönen am Fuße der fülligen, feisten Bergketten. Silbrige Felsenzacken ragen aufrecht und schillernd in den blauen Himmel. Ziehen graue Regenwolken auf, werden diese abgeschüttelt oder zu jenen Stellen weitergeschickt, die kühles Nass brauchen. Die weidenden Tiere, jedes für sich einzigartig in seiner Gestalt und Fellfarbe, grasen achtsam und zufrieden auf dem vitaminsprießenden, hochflorigen Teppich, den die Erde gewebt hat. Sie suchen sich jenen Grassortenmix den sie gerne mögen und da jedes Tier seinen eigenen, ganz speziellen Geschmack hat, kommen sie sich beim Weiden nicht in die Quere. Dringt man in die städtischen Teile des Selbstsicherungslandes vor, so wird man zuerst erstaunt sein, da kein Gebäude, dem anderen gleicht und jede Straße sich eigenwillig zwischen den Häusern ihren Weg bahnt. Die Straßenschilder sind in den kunstvollen Ornamenten der Häuser versteckt. Entweder nehmen BesucherInnen motiviert die Herausforderung dieser Puzzleaufgabe an oder man fordert Einheimische auf, zu helfen. Das tun diese gerne, motivieren jedoch zuerst, es doch vorerst einmal selbst zu versuchen.

Nicht nur die Bewohner, auch die Bäume, Wiesen, Berge und Tiere im Selbstsicherungsland verfügen über das Wissen um ihre Einzigartigkeit. Den Bewohnern ist jedoch auch bewusst, dass sie Stärken, wie Schwächen haben und sind mit beiden „gut Freund". Sie können Hilfe annehmen, wenn sie einmal nicht mehr weiter wissen. Sie fragen gerne, denn es gibt keine dummen Fragen – nur dumme Antworten. Fantasien, Träume und Sehnsüchte kennen sie als gute Begleiter, die sie zu neuen Wegen oder interessanten Weggabelungen führen. Sie können sich auch Ängste eingestehen, denn sie wissen, dass sie mutig sind. Sie achten auf ihren Körper und gehen liebevoll mit ihm um. Sie achten auf die eigenen Bedürfnisse ebenso, wie sie in der Lage sind, auf die von anderen einzugehen. Natürlich kennen sie auch das Gefühl von Unterlegenheit, Unsicherheit oder

Minderwertigkeit – es hält sie davon ab, überheblich und hochmütig zu werden. Aber sie lassen diese Gefühle nicht überhand gewinnen, sondern betrachten sie als Herauforderung, die zu bewältigen ist.

Sie können sich über den eigenen Erfolg ebenso freuen, wie über den anderer. Sie bestaunen und bewundern, statt zu neiden und Missgunst zu üben und weisen oft eine ausgeprägte Lebenszufriedenheit auf.

Es soll allerdings nicht der Eindruck der totalen Vollkommenheit dieser Landesbewohner entstehen. Diese Wesen haben es nicht immer leicht, denn sie wandeln oft auf sehr steinigen und unwegsamen Pfaden, da ja dort auch die Natur sehr genau weiß was sie will und sich keine Unebenheiten, Kanten oder Ecken abschleifen lässt. Durch diese Erfahrung gewinnen die Selbstsicherungslandler wiederum Stärke und Ausdauer und lassen sich nicht von ihren Vorhaben abbringen, zumal die Wurzeln ihrer Herkunft in Stimmungsbergen liegen.

Stimmungsbergen

Hier gibt es alles, was ein hüpfendes Herz so begehrt: Es gibt ausgedehnte Grünflächen mit flatterhaften Bäumen und zerkugelten Sträuchern. Dazwischen liegen große Seen mit sprudelnden und auch solche mit stillen Wasserflächen. Manche Seen erinnern durch ihre Größe schon fast ans Meer. Sandstrände mit weißglitzerkichernden Sandkörnern, die nichts lieber tun, als sonnenhungrige Wesen, die sich auf ihnen ausbreiten, zu kitzeln. Quirligperlende Strandpromenaden findet man ebenso wie lange schattigsummende Baumalleen. Es gibt Berge und Ebenen, Stadt und Land, Ruhe und Action, Sonne und Regen, Kälte und Wärme – einfach immer so viel von dem, was ein Wesen braucht um sich rundherum wohl zu fühlen. Alles was hier gebaut wurde, hier lebt, sich hier aufhält oder hier wächst kann mit den folgenden Begriffen beschrieben werden:

froh, blendend, glücklich, ausgezeichnet, angenehm, befriedigt, heiter, beschwingt, lustig, frohgemut, übermütig, gutgelaunt, fröhlich, zufrieden, überschwänglich, erfreut, freudenreich, freudestrahlend, freudig, glückstrahlend, lebensfroh, lebenslustig, munter, vergnügt, quietschvergnügt, sonnig, frohsinnig, nett, aufgeheitert, gut aufgelegt, stimmungsvoll, wohlgemut, aufgeweckt, obenauf, gut gelaunt, strahlend, erheitert, beflügelt, aufgekratzt, fidel, frohmütig, lebensfroh, belebt, ausgelassen, frisch, freundlich, umgänglich, beschwingt, aufgeschlossen, ungezügelt, hellwach, rüstig, munter, lebenskräftig, leidenschaftlich, fit, dynamisch, quecksilbrig, voller Leben, ungezähmt, kräftig, rege, lebendig, temperamentvoll, ungehemmt, ausgeschlafen, stark, beweglich, vital, aufnahmebereit, voller Lebenskraft, wohl, ausgeruht, lebhaft, frohen Mutes, flink, ungestüm, hoffnungsvoll, mutig, unverdrossen, hoffnungsfreudig, trostreich, siegesgewiss, unverzagt, lebensbejahend, positiv, vertrauensvoll, hoffnungsfroh, zukunftsgläubig, getrost, … – finden Sie noch mal so viele Begriffe und Sie werden Bürgermeister in Stimmungsbergen! Aber wenn Sie nun so beflügelt ins Mimosenland schreiten, ist Vorsicht angebracht.

Mimosenland

Im Sprachgebrauch wird das Wort Mimose oft als Synonym für „empfindlich“ verwendet, jedoch sind Mimosen relativ anspruchslose und einfach zu haltende Pflanzen. Man sollte jedoch vermeiden, die Pflanze unentwegt durch Berührung zum Zusammenklappen der Blätter zu nötigen, da dies für die Mimose jedes Mal ein Kraftakt ist, bei der Energie verbraucht wird. Das gilt auch für einen Großteil der Bewohner von Mimosenland. Es handelt sich um feinnervige, empfindsame, zartbesaitete Wesen, die sehr einfühlsam sind und starke Gefühlstiefe ausweisen. Sie versuchen weitherzig und gutmütig durchs Leben zu gehen, Rücksicht auf andere zu nehmen und andere auch nicht zu verletzen. So gehen sie davon aus, dass ihre soziale Umwelt sich ihnen gegenüber ebenso verhält. Aber genau das passiert nicht immer – so ist es im Leben. Und deshalb werden sie oft unentwegt genötigt ihre Blätter zum Schutz zusammenzuklappen und verbrauchen dafür viel Energie. Wodurch sie mit der Zeit auch leicht erregbar, reizempfindlich und nachtragend werden oder als heikel wahrgenommen werden. Natürlich gibt es auch sehr theatralische unter ihnen, die sich oft dramatisch in Szene setzen und sich geziert und zimperlich verhalten. Aber in der wattigen, weichen Landschaft, in der die Wege sanft an kleinen Häusern, Biotopen und blumenüberwucherten Gärten vorbeiführen, verpufft so eine Dramatik schnell wieder zwischen den zuckerwatteähnlichen Kumuluswolken.

Wenn Wesen aus anderen Landesteilen von Tiomone nicht so guter Stimmung sind oder traurige Erlebnisse hatten, so kann es auch mal sein, dass sie sich eine gewisse Zeit im Mimosenland aufhalten.

Nicht alle Wesen, deren Mutterland Mimosenland ist, verbringen ihr ganzes Leben hier. Viele entwickeln, wie auch die Pflanze Mimose, Stacheln und lernen, sich damit effizient und geschickt zu wehren. Sie ziehen nach Selbstsicherungsland und machen oft Urlaub in Stimmungsbergen. Wenn sie zufällig in die Ärgerschlucht stolpern, so schadet es ihnen gar nicht, denn sie finden dort immer gutes Brennmaterial um sich selbst anzufeuern.

Ärgerschlucht

In der Ärgerschlucht wohnt niemand auf Dauer, dazu ist die Schlucht viel zu steil, unwegsam und karg an Vegetation und Sonnenlicht. In der Ärgerschlucht gibt es abertausende kleine Felszacken. Sie haben Namen wie wütend, ärgerlich, ungehalten, gereizt, verärgert, aggressiv, oppositionell, gewaltig, rasend, leidenschaftlich, unbändig, aufgebracht, außer sich, böse, empört, entrüstet, erbost, missgelaunt, missgestimmt, missmutig, unwirsch, verdrossen, wutschäumend, ungehörig, boshaft, stark, widerlich, bitter, schlimm, widrig, gallig, übellaunig, unfreundlich, wutschnaubend, griesgrämig, unausstehlich, abscheulich, gemein, ungerecht, ungehobelt, ungut, abfällig, grindig, miesepetrig, griesgrämig, gnatzig, nörgelnd, knurrig, jähzornig, wutverzerrt, unflätig, stürmisch, ungezügelt, tobend, hitzig, rasend, cholerisch, zornrot, kochend, furios, offensiv, wild, aufbrausend, ergrimmt, bärbeißig, streitbar, ingrimmig, frenetisch, tobsüchtig, erregt, kämpferisch, kriegerisch, zürnend oder schlechtgelaunt. Auf der Ärgerschlucht lastet ein Fluch. Das Gestein aus dem die Felsen der Schlucht bestehen, ist so porös, dass ständig kleine Partikel auf die Besucher der Schlucht hinabbröseln. Kaum fallen diese auf ein Wesen, so spiegelt sich augenblicklich der Felsname im Verhalten des Wesens wider. Da es so viele Felszacken gibt die runterbröseln, beginnen die Besucher der Ärgerschlucht dann durch die Gegend zu rasen, sind rastlos zappelig und oft so zerfahren, dass sie über Tobsuchtswurzeln stolpern, oder sich an rabiaten Disteln stechen. Was dazu führt, dass sie noch aufgewühlter, angespannter, verdrießlicher und ergrimmter werden. Rumpelstilzchen war z.B. zu lange in der Ärgerschlucht – und Sie wissen, was mit ihm geschehen ist.

Die, die den Fluch der Ärgerschlucht erkennen, versuchen die Gesteinsbrösel abzustreifen, indem sie tief einatmen und die Brösel dann mit einem langen Atemzug wegblasen. So bekommen sie wieder einen klaren Kopf und können die Schlucht achtsam und flotten Schrittes verlassen. Als Andenken an die Ärgerschlucht nehmen sie das Gefühl der Wehrhaftigkeit mit und bei ihrem nächsten Besuch wissen sie schon, welche Brösel sie nutzen können und welche sie schnell wieder wegpusten müssen.

Wenn jedoch die Bewohner von Ängstlichseen, die Ärgerschlucht besuchen, dann erleben sie ein ganz unbekanntes Hochgefühl und kommen deshalb gerne wieder zu Besuch.

Ängstlichseen

Inmitten der Landschaft von Ängstlichseen liegt, wie der Name schon sagt, ein unendlich großer, tiefer blaugrüntürkisschillernder See. Die Oberfläche des Sees wandelt mehrmals am Tag ihr Aussehen. Frühmorgens glitzert sie spiegelglatt und ahnungsvoll, wobei man in der unendlichen Weite des Horizonts die Sonne vorsichtig, zittrig aufgehen sehen kann. Diese Zittrigkeit der Sonnenspiegelung wird untertags dann vom Wasser übernommen, wodurch kleine unruhige Wellen entstehen, die zaudernd ans Ufer plätschern und dort zart das Schilf bewegen. Gegen Abend werden die Wellen dann ruhiger und schlafen bald ganz ein, wodurch man bei bestimmten Lichtverhältnissen die unsagbare und unergründliche Tiefe des Sees erkennen kann.

Es herrscht unter den TiomonerInnen Uneinigkeit bezüglich des Landesnamens, viele BewohnerInnen berufen sich auf ihre Vorfahren, nach deren Angaben dieser Teil von Tiomone früher Meilenweitvorausdenkenstetten geheißen haben soll. Nachdem dieser Name aber so elendslang war und auch über die Eigenheiten der BewohnerInnen gespottet wurde, z.B. dass diese ebenso ängstlich seien, wie der Name lang sei und sie täglich sorgsam die Wasserqualität ihres großen Sees prüften und darauf achteten, dass er nicht verunreinigt wird – entstand daraus Ängstlichseen. Diese Sage beschreibt bereits Verhaltensmerkmale der ÄngstlichseerInnen, denn noch heute sorgen sie für den schutzbedürftigen See und malen sich in allen Einzelheiten aus, wie es passieren könnte, dass das ökologische Gleichgewicht einmal nicht mehr stimmt und welche Katastrophe dann eintreten würde.

Die Tiere von Ängstlichseen sind Fremden gegenüber sehr scheu und bänglich. Zu den BewohnerInnen haben sie jedoch Vertrauen, da diese immer sehr bedächtig und rücksichtsvoll auf deren Wohlergehen achten. Jedoch machen sich die ÄngstlichseerInnen auch immer wieder Gedanken, ob die Tier- und Pflanzenwelt ihres Landes, durch so manch rücksichtlosen Touristen nicht geschädigt werden könnte und ob sie bestimmte Teile nicht für den Tourismus sperren sollten.

Die Wesen von Ängstlichseen machen sich eigentlich sehr viele Gedanken über sehr viele verschiedene Sachen. Diese Gedanken werden auch des Öfteren zu Sorgen, wodurch sie sich dann beklommen und bange fühlen. Nächtens plagen sie hin und wieder übermäßig große Verantwortungsgefühle oder Gedanken, was alles passieren könnte und das hindert sie dann am Einschlafen.

Jene Wesen die gerade eine Ausbildung machen, bereiten sich akribisch vor und lernen so fürchterlich viel, dass einige von ihnen sogar vergessen, Pausen zu machen und zu entspannen. Sie merken das erst, wenn sie erschöpft zusammenbrechen. Das verschreckt sie wiederum so sehr, dass sie verunsichert werden, was sie denn nun tun sollen, um eine Prüfung zu schaffen. Sie vergessen erstaunlicherweise all jene Prüfungen, die sie bereits gut geschafft haben – und das sind meist nicht wenige! Werden sie von den SyplogochInnen dann darauf hingewiesen, sind sie fassungslos und können gar nicht glauben, was sie schon alles geschafft haben.

Auch die BewohnerInnen die bereits einer Berufstätigkeit nachgehen, können diese Eigenheit oft nur schwer ablegen und werden von Außenstehenden mit Eigenschaften beschrieben wie: beflissen, umsichtig, pflichtbewusst, verantwortungsvoll, verantwortungsfreudig, verlässlich, eifrig, zuverlässig, vertrauenswürdig, genau, emsig und überlegt.

Auch wenn es auf den ersten Blick nicht so aussieht, so sind diese Wesen unwahrscheinlich mutig und können über sich selbst hinauswachsen. Denn um Sorgen und Ängste zu besiegen, brauchen sie Mut und den besitzen sehr viele von ihnen. Etwas zu tun, vor dem ich keine Angst habe, das ist nicht mutig. Mut aufzubringen setzt Angst, eine gewisse Besorgnis oder Vorsicht voraus. Völlig angstlos und gedankenlos durchs Leben zu schreiten, ist nicht mutig, sondern unbedacht.

Warum ÄngstlichseerInnen bei einem Besuch in Ärgerschluchten ein ganz unbekanntes Hochgefühl erleben? Ich verrate es Ihnen nicht, denn es soll das Geheimnis aller ÄngstlichseerInnen bleiben. Falls Sie sich jedoch in Ängstlichseen zuhause fühlen, so probieren Sie doch einmal selbst aus, ob Sie es schaffen sich gleichzeitig aufgebracht und beklommen oder wütend und angsterfüllt oder ärgerlich und verschüchtert oder böse und zaghaft oder leidenschaftlich und erstarrt zu fühlen. Gleichzeitig – nicht in Folge! Dann fühlen Sie mal in sich hinein, wie sich eine Ärgeraktivität so anfühlt und was diese Aktivität mit Ängstlichkeit oder Unsicherheit anstellt.

Trauerweidenbach

Ein wehmütiges Lüftchen weht trist und mutlos über die trübsinnige, düstere, melancholische Landschaft von Trauerweidenbach. An manchen Tagen ist es völlig windstill und die Luft so drückend, dass das Atmen schwer fällt. Auch das Fortbewegen wird so zu einer Anstrengung. Es ist als zöge einen eine unsichtbare Kraft zurück. Sogar die Durchreisenden werden von Gefühlen der Lähmung und Antriebslosigkeit übermannt. Der Weg den man vor sich hat, erscheint plötzlich nicht mehr bewältigbar. Es bedarf großer Überwindung und Motivation zum angestrebten Zielort zu gelangen.

Manche Wesen bewegen sich schleppend und geknickt durch die Dörfer oder sitzen nur still und starr in ihren Häusern. Sie leben schon lange hier, finden sich selbst sehr bedauernswert und meinen schicksalsergeben nichts mehr dagegen unternehmen zu können. Ideen und Vorschläge weisen sie meist resigniert und mit pessimistischen Argumenten zurück.

Auch sieht man BewohnerInnen die elend aussehen und verstört, hilflos und ratlos durch die Gegend irren. Sie wirken unruhig, kraftlos, verzagt und murmeln immer wieder „Wie konnte es nur so weit kommen, warum hab' ich nichts gemerkt?" vor sich hin. Dann telefonieren sie wieder mit jemandem, wo man annehmen kann, dass es sich um ihre PartnerInnen, Kinder oder Wesen aus ihrem Arbeitsumfeld handelt, da sie sorgenvoll fragen, ob es allen gut gehe und alles gut laufe. Nach diesen Telefonaten können sie fast nicht mehr weitergehen, so schwach und erschöpft fühlen sie sich. Sie schleppen sich lediglich energielos und flügellahm weiter.

Begibt man sich in den bergigen Teil des Landes, so sieht man Wesen gramgebeugt auf Steinen am Wegrand sitzen, die herzzerreißend weinen und schluchzen oder ganz still in sich gekehrt mit unendlich traurigem Blick ihrem Schmerz eines Verlustes Ausdruck verleihen. Diese Wesen kommen aus allen Landesteilen nach Trauerweidenbach um ein Ritual zu zelebrieren, welches nötig ist um neue Kraft zu spenden. Die meisten von ihnen halten sich daher nur für eine bestimmte Zeit hier auf und kehren wieder an ihren Wohnort zurück. Man nennt diesen Aufenthalt in Trauerweidenbach Trauerzeit.

Traumsam

Betreten Sie zum ersten Mal Traumsam, werden Sie überrascht sein von der Vielfalt der Landschaftsformen, Vegetation, Witterung und den Eigenheiten der BewohnerInnen.

Es gibt Wesen die leben immer hier und andere verbringen nur ihre Freizeit oder den Urlaub in diesem Land. Zwischen den beschaulichen Hügeln liegen tiefsinnige Seen, sentimental schlängeln sich manche Straßen bis zum Horizont. Es wirkt als würden sie in den abendrosaroten Himmel eintauchen und dabei die wattigweißen Wölkchen zur Seite stupsen.

Entrückt und gedankenverloren stehen Wohnhäuser ebenso verträumt wie ihre BewohnerInnen in der Gegend herum.

Man findet in Traumsam sehr idyllische und romantische Plätzchen zum Verweilen. Man muss sich jedoch, um diese zu finden, Zeit nehmen und sich in einer versonnenen, beschaulichen, träumerischen Stimmung gemächlich und seelenruhig auf den Weg machen. Fantasievolle, schwärmerische Gedanken dürfen Wegbegleiter sein. Hat man die geeignete Stelle gefunden, so kann man sich selbstvergessen niederlassen und sich der Welt entrückt all dem hingeben, wozu man sein Stückchen Traumsam nun nutzen will.

Böse Zungen behaupten, dass jene Traumsamwesen, die sehr viel Zeit in diesem Land verbringen, oder gar ihr ganzes Leben dort wohnen sich häufig unbedacht, leichtfertig, unachtsam, sorglos und auch schlampig verhalten. Sie werden dabei beobachtet, wie sie geistesabwesend, zerfahren, vergesslich und zerstreut ihre Aufgaben verrichten, wodurch sie selbst oder auch hin und wieder anderen Schaden zufügen. Beobachten Sie doch bei Ihrer Durchreise, ob das nur Gerüchte sind, oder ob daran doch etwas Wahres sein könnte.

Eines ist jedoch gewiss: Regelmäßige Kurzaufenthalte in Traumsam würden allen Menschen sehr gut tun!

Die Geburt der Erdgeistchen

Erdgeistchen leben schon sehr, sehr lange in den Tiefen des Waldviertels.

Als Erdgeistchenkundschafter bei ihren Rundgängen durch die Menschenwelt entdeckten, dass die Malerin Marie Tewa Bilder malte, in denen der „Geist des Waldviertels" erlebbar wird – also beispielsweise Waldwesen, Nebelgeschöpfe, Muscheln im Tannenwald oder eine Seekuh, die durch ein Mohnfeld schwimmt – wurden sie ganz aufgeregt und beschlossen in die Fantasie und die Ideen der Malerin Marie Tewa einzudringen, um dann ehest möglich „durch ihren Pinsel" zu schlüpfen und sich der Menschenwelt endlich präsentieren zu können. Sie wollten unbedingt zu dem Zyklus „Spirits im Waldviertel" von der Malerin Marie Tewa dazugehören. Denn diese Chance, als sichtbar gemachte Energien, die seit Jahrmillionen machtvoll in dieser Region schwingen, endlich auch Gestalt in Form von Kunstwerken annehmen zu können, wollten sich die Geistchen natürlich nicht entgehen lassen.

So stellten auch die Geistchen selbst, einige Zeit nachdem sie durch die Bilder von Marie Tewa physische Gestalt erhalten hatten, die Forderung, dass die Menschenwelt ihnen ein Buch widmen solle. Es gibt hier ganz eindeutig kein Henne-Ei-Problem. Die Geistchen waren zuerst da und dieses Buch wurde zu den Bildern der Waldviertler Erdgeistchen, diesen sozusagen auf ihren „schillernden, farbensprühenden, kugeligen Leib geschrieben".

Diese Geistchen sind somit keine Buchillustration, sondern es sind eigenständige Wesen, die sich uns auf den Bildern der Malerin Marie Tewa zeigen. Ihr Selbst, ihre Persönlichkeit und Einzigartigkeit sowie ihre Farben und ihre Schönheit erhielten sie, als die Malerin sie durch ihre Bilder schuf.

Die Persönlichkeitszüge entwickelten die Erdgeistchen, so wie auch Menschenkinder, wenn diese älter und erwachsen werden – schrittweise, mit Eigendynamik und durch Interaktion mit ihren Bezugpersonen und ihrem sozialem Umfeld.

Ihre Namen erhielten sie, wie auch Menschenkinder, unmittelbar nach ihrer Geburt. Jedoch haben mystische Wesen auch außergewöhnliche Namen. Oder finden Sie es passend eine Elfe Mitzi zu nennen oder ein Wichtelmännchen mit dem Namen Pepi als fleißiges Hilfsgeistchen in Ihrem Haus zu haben?

Wenn Sie jetzt kontern, Sie würden auch einen Pepi als tatkräftige Unterstützung in Ihrem Heim akzeptieren, so verärgern Sie damit alle Elementargeisterchen. Diese Wesen geben sich nicht damit zufrieden nur akzeptiert zu werden, sie bestehen auf Wertschätzung und dazu gehört auch ihr Anspruch auf kosmische Namen. Damit sollen allerdings weder Mitzi noch Pepi abgewertet werden, aber es sei festgehalten, dass diese Namen irdisch und keineswegs kosmisch sind.

Oft assoziieren wir mit Namen, auch bestimmte Vorstellungen, wie ein Wesen aussehen könnte, wie es sich verhalten könnte, wo es aufgewachsen sein mag und sogar ob wir es mögen werden. Diese Vorstellungen, haben ihre Herkunft in Erfahrungen die wir mit Wesen, die so heißen, gemacht haben. Es können persönliche Erfahrungen sein, ebenso aber auch prominente Persönlichkeiten, Märchenfiguren, Protagonisten in Büchern und Filmen oder verhasste Kindergarten- und SchulkollegInnen mit denen gewisse Namen in Verbindung gebracht werden.

So ruft der Name Roland in mir ein Gefühl des Unmutes wach. Alle Rolands mögen mir jetzt verzeihen, außer dem der damit wirklich gemeint ist. Nein er war nicht ein Liebhaber, der mich verschmäht hat, es war ein Bub der am selben Tag, im selben Spital, wie ich das Licht der Welt erblickte und deren Mutter sich, aufgrund dieser für mich unliebsamen Tatsache, mit meiner angefreundet hatte. Unsere Mütter meinten scheinbar, es sei ein Zeichen, wenn Kinder unter dem Stern dieses Tages zur selben Zeit geboren sind und so müssen sie sich doch auch mögen und hin und wieder miteinander spielen. Dem war jedoch nicht so, auch wenn Sterne angeblich nie lügen.

Die letzte sehr deutliche Erinnerung, die ich an Roland habe ist eine schlechte: Als keines zartes Mädchen im Vorschulalter stand ich in Schönbrunn vor einer Blumenwiese, als Roland meinte unser Sternzeichen unter Beweis stellen zu müssen, indem er mit einem Höllentempo auf mich zu rannte und meinte mir schnaubend seinen Kopf in den Brustkorb rammen zu müssen, sodass ich rücklings auf mein Hinterhaupt und mein Hinterteil donnerte. Die Blumenwiese mit einem Spritzguss aus Wutschmerztränen gießend, schwor ich ihm und seinem Namen ewige Verachtung. Als seine Mutter grinsend, ob der Männlichkeit ihres Sohnemannes und der Hysterie, der am selben Tag geborenen wehleidigen Göre, auch noch „Na so schlimm ist's doch nicht" anmerkte, war Roland für mich zum Feindbild geworden.

Zwar bin ich darüber schon soweit hinweg, dass ich nicht jeden Menschen namens Roland, ohne ihn zu kennen, ablehne, aber die Erinnerung an dieses Ereignis taucht doch noch immer wieder verschwommen auf.

Nutzen Sie mich hier als abschreckendes Beispiel und versuchen Sie, die Erdgeistchennamen möglichst frei von Vorstellungen wahrzunehmen. Zwar werden Sie niemanden mit deren Namen kennen, aber vielleicht ruft der Klang des einen oder anderen Geistchennamens Bilder hervor.

Bald werde Sie nun Angakanga, Bliff & Bluff, Hikito, Irli, Magunda, Makuko, Ojemito, Omombo, Ozillo, Immidimmi, Sardono und Uglumuglu kennen lernen.

Irdisches führt zur Magie

Hier ist er nun, der in der Einführung angekündigte irdische Test, der Sie näher an die Offenbarung Ihrer magischen Persönlichkeit heranbringt.

Lesen Sie sich jeden Aussagen-Edelsteinblock aufmerksam durch und entscheiden Sie spontan und verlassen Sie sich dabei völlig auf Ihr Bauchgefühl, in welcher Ausprägung die jeweiligen Aussagen auf Sie persönlich zutreffen. Sie können zwischen 0 „trifft gar nicht zu", 1 „trifft etwas zu", 2 „trifft überwiegend zu" und 3 „trifft ausgesprochen zu" wählen.

Sollten Sie bei dem einen oder anderen Geistchen darüber empört sein und meinen, solche Züge gäbe es an Ihnen in keiner Weise, dann lassen Sie sich von Ihrer Empörung nicht den Tag kaputt machen, sondern wählen einen anderen Weg: Lernen Sie die Erdgeistchen allesamt kennen und suchen Sie sich so Ihre seelenverwandten Geistchen. Was sind schon Tests? Fragen, Aussagen und fürchterlich viele Buchstaben, die man auch stets verdrehen kann und so kann aus TESTS ein STETS werden und damit ein magisches Anagramm, wie z.B. TIOMONE oder die anderen Anagramme, die in diesem Buch versteckt sind.

Um doch noch eine Portion Mystik in diesen irdischen Test zu bringen, finden Sie bei jedem Aussagen-Edelsteinblock auch die Wirkung, die dem jeweiligen Edelstein nachgesagt wird. Ich bezeichne die Steine daher als Kraftsteine, ähnlich einem Talisman, den man bei sich tragen kann und sei es nur, um Freude zu haben, wenn man ihn anfühlt oder ansieht. Man muss auch nicht daran glauben, um diese Beschreibungen einfach nur spannend zu finden und zu überlegen, wie diese mit dem zugehörigen Persönlichkeitsstil des Erdgeistchens in Zusammenhang stehen könnten.

Hoffentlich ist es mir nun gelungen, Sie von Ihrer möglichen Empörung etwas abzulenken und Ihnen wieder die mystischen Elemente der Erdgeistchen schmackhaft zu machen.

Jene Edelsteinblöcke bei denen Sie die höchsten Punktezahlen erreichen, führen Sie zu den Erdgeistchen, die mit Ihnen in bestimmten Persönlichkeitszügen seelenverwandt sein könnten.

A. Chalzedonblock

Wenn ich eine Schwäche an mir wahrnehme, so belastet mich das und ich denke lange darüber nach.	0 1 2 3
Ich denke, dass man rasch die Sympathie von Menschen verlieren kann, wenn man sich so zeigt, wie man wirklich ist.	0 1 2 3
Ich spreche nicht gerne vor vielen Menschen.	0 1 2 3
Ich werde schnell nervös und unsicher, wenn mich jemand beobachtet.	0 1 2 3
Gruppensituationen machen mich unsicher und ich scheue mich vor Auftritten in der Gesellschaft.	0 1 2 3
Ich mache mir über alltägliche Geschehnisse in die ich involviert bin viele Gedanken.	0 1 2 3
Ich bin eher zurückhaltend und schweigsam, wenn ich neue Leute kennenlerne.	0 1 2 3
Gesamtpunkte-Anzahl:	

Chalzedon als Kraftstein lehrt uns Anpassung ohne Selbstaufgabe und hilft uns, auf Distanz gehen zu können, um aus der Distanz heraus die Dinge zu betrachten. Er lehrt „kühle Gelassenheit“ und hilft so, frei von Emotionen, diskutieren zu lernen. Er schenkt Selbstvertrauen, verstärkt das Durchsetzungsvermögen und befreit von unbewussten Mechanismen, Gewohnheiten, Stimmungen und Bildern der Vergangenheit.

B. Achatblock

Ich bin sehr loyal und beharrlich in Beziehungen zu anderen Menschen.	0 1 2 3
Ich mag starke Personen an meiner Seite, an die ich mich anlehnen kann.	0 1 2 3
Für Menschen die mir wichtig sind, möchte ich alles möglichst richtig machen und sie auf keinen Fall enttäuschen.	0 1 2 3
Ich hole mir oft Ratschläge oder Bestätigung von anderen, bevor ich alltägliche Entscheidungen treffe (z.B. was ich anziehen soll oder was ich von einer Speisekarte wählen soll).	0 1 2 3
Ich habe in Beziehungen oft Angst, verlassen zu werden.	0 1 2 3
Es fällt mir schwer, zu widersprechen, auch dann wenn ich merke, dass ich im Recht bin.	0 1 2 3
Um wirklich sicher zu sein, dass mich mein/e PartnerIn liebt, meine FreundInnen mich auch tatsächlich mögen oder ich etwas gut gemacht habe, brauche ich häufig und viele Bestätigungen von außen.	0 1 2 3
Gesamtpunkte-Anzahl:	

Der Achat als Kraftstein fördert Rückzug und Verinnerlichung und hilft, eigene Angelegenheiten gesammelt und konzentriert zu regeln. Dieser Stein vermittelt Schutz, Geborgenheit und Sicherheit, indem er innere Spannungen löst und gegen äußere Einwirkungen stabiler macht und das logisch-rationale Denken fördert, er hilft einfache, pragmatische Lösungen zu finden, die ruhig aber unverzüglich in die Tat umgesetzt werden und fördert die Konzentration auf das Wesentliche.

C. Amethystblock

Meinen Bedürfnissen nachzukommen, ist mir wichtig, auch wenn andere dann zurückstecken müssen.	0 1 2 3
Wenn ich etwas brauche, das auch andere haben möchten, setze ich meistens meinen Willen durch.	0 1 2 3
Verhält sich jemand mir gegenüber ablehnend, so kann ich zu dieser Person sehr unangenehm sein.	0 1 2 3
Ich möchte meinen Spaß haben, egal was die anderen davon halten.	0 1 2 3
Wenn Menschen gegen mich arbeiten und mir Probleme machen, so kann ich denen ziemlichen Ärger machen.	0 1 2 3
Bevor mich jemand angreifen kann, starte ich einen Angriff.	0 1 2 3
Mein Durchsetzungsvermögen wird hin und wieder als Rücksichtslosigkeit wahrgenommen.	0 1 2 3
Gesamtpunkte-Anzahl:	

Der Amethyst als Kraftstein fördert geistige Wachheit, stärkt das Urteilsvermögen, vermittelt Schutz, Geborgenheit und Sicherheit. Der Stein gibt Mut, den Blick nach innen zu richten. Er hilft, die inneren Gegensätze zu erkennen und sich damit auseinanderzusetzen. Er hilft dabei, sich allen Erlebnissen (auch unangenehmen) zu stellen und er fördert die bewusste Verarbeitung unserer Wahrnehmung. Er stärkt den Gerechtigkeitssinn, das Urteilsvermögen und bringt Ehrlichkeit und Aufrichtigkeit hervor.

D. Türkisblock

Anderen Menschen gegenüber etwas misstrauisch zu sein, schadet meist nicht.	0 1 2 3
Oft hintergehen Menschen andere mit einer Unschuldsmiene, ohne dabei mit der Wimper zu zucken.	0 1 2 3
Bedenke ich es recht, kann ich manchmal auch meinen FreundInnen nicht mehr trauen.	0 1 2 3
Ich kenne nur wenige Menschen, denen ich voll vertrauen kann.	0 1 2 3
Nur wenige Menschen verfolgen gute Absichten.	0 1 2 3
Man kann sich auf andere einfach nicht verlassen und somit sollte man ihnen auch kein Vertrauen schenken.	0 1 2 3
Menschen denken und handeln nur selten gerecht.	0 1 2 3
Gesamtpunkte-Anzahl:	

Der Türkis ist der Schutzstein an sich. Er wird in orientalischen Ländern als Amulett gegen den „bösen Blick“ getragen und gibt so Kraft, diesen auszuhalten und sich Ängsten zu stellen. Auch die Perser trugen ihn als Schutz vor einem unnatürlichen Tod. Demnach sollte der Stein seine Farbe wechseln, wenn Gefahr drohte.

E. Rosenquarzblock

Ich verhalte mich anderen gegenüber eher distanziert.	0 1 2 3
Ich brauche meine Privatsphäre.	0 1 2 3
Meine Umwelt nimmt mich des Öfteren als kühl wahr.	0 1 2 3
Es ist mir unangenehm, ständig mit anderen Menschen zusammen zu sein und ich fühle mich dabei rasch eingeengt.	0 1 2 3
Mit dem Ausdruck meiner Gefühle bin ich zurückhaltend.	0 1 2 3
Ich denke lieber alleine über Situationen oder Probleme nach, statt sie mit anderen Menschen zu besprechen.	0 1 2 3
Ich bleibe auch in sehr emotionalen Situationen meist gelassen und zurückhaltend.	0 1 2 3
Gesamtpunkte-Anzahl:	

Rosenquarz als Kraftstein öffnet, wie kein anderer Stein, das Herz für alles Schöne, für die Liebe, Achtsamkeit, Sanftmut und Zärtlichkeit und bewirkt so innere Heiterkeit, Weichheit und Aufgeschlossenheit, ohne dass die Bestimmtheit dabei verloren geht. Er lässt Warmherzigkeit und verzeihende Gefühle entstehen und heilt die Wunden des Herzens. Dieser Stein hilft, das Herz einem anderen Menschen ganz zu öffnen und fördert das empfundene Liebesglück. Zudem belebt er die Kreativität. Er fördert Sensibilität und Hilfsbereitschaft, bringt Sympathien, Vertrauen und Nächstenliebe.

F. Karneolblock

Ich fühle mich wohl, wenn ich meinen festen Gewohnheiten nachkommen kann.	0 1 2 3
Egal unter welchem Zeitdruck ich stehe, ich bin immer gründlich.	0 1 2 3
Ich bin ein Mensch mit festen Grundsätzen und schätze Beständigkeit.	0 1 2 3
Ich erfülle zuerst meine Pflicht und gehe erst dann meinem Vergnügen nach.	0 1 2 3
Passieren Fehler aus Unachtsamkeit, so habe ich nur wenig Verständnis dafür.	0 1 2 3
Aufgaben, die oft oder täglich zu tun sind, mache ich gerne immer nach dem gleichen Muster.	0 1 2 3
Es stört mich, wenn Menschen ihren Pflichten nicht nachkommen und Regeln missachten.	0 1 2 3
Gesamtpunkte-Anzahl:	

Der Karneol als Kraftstein soll Kreativität, Tatkraft und gute Laune fördern. Er regt die Neugier an und gilt als Stein der Erneuerung. Er schenkt Lebensfreude, Leichtigkeit und Lachen. Er hilft uns dabei, begonnene Aktivitäten zu Ende zu führen und verleiht Mut und Standfestigkeit sowie die Fähigkeit, sich Schwierigkeiten zu stellen. Er fördert die Fähigkeit, Probleme zu meistern und bringt Realitätssinn, wenn man verwirrt ist. Er trägt zur Standfestigkeit und dem Gemeinschaftssinn bei und unterstützt Hilfsbereitschaft und idealistisches Denken.

G. Turmalinblock

Ich bin ein Mensch, der die Bedürfnisse anderer eher spürt, als diese es selbst tun.	0 1 2 3
Es gibt immer wieder Dinge und es passieren Ereignisse, die rational nicht zu erklären sind.	0 1 2 3
Ich habe öfters das Gefühl, Eingebungen zu haben.	0 1 2 3
Es gibt immer eine innere Stimme, die mir sagt, was zu tun ist, wenn ich mit Vernunft und Erfahrung nicht mehr weiterkomme.	0 1 2 3
Ich bin der Ansicht, dass es einen so genannten sechsten Sinn gibt.	0 1 2 3
Ich kann mir sehr gut vorstellen, dass es Gedankenübertragung gibt.	0 1 2 3
Ich schließe die Existenz von übernatürlichen Kräften in keiner Weise aus.	0 1 2 3
Gesamtpunkte-Anzahl:	

Turmalin als Kraftstein beschützt gleichermaßen vor äußeren Einflüssen, wie vor inneren Gefühlen und Empfindungen, die uns schaden. Er fördert die Geduld, Aufgeschlossenheit und das Interesse an Mitmenschen. Er verhilft zu Überblick in Entscheidungsangelegenheiten und leitet Spannungen ab. Er schützt vor negativen Gedanken, unterstützt bei Stress und Belastungen und verhilft so zu klarem, logisch-rationalen Denken sowie dabei Fehler zu erkennen und zu analysieren. Er lindert Depressionen und Ängste, hilft dem Träger, sich selbst zu schützen und Geborgenheit aus sich selbst heraus zu entwickeln.

H. Saphirblock

Wenn ich es möchte, so kann ich Menschen leicht für mich einnehmen.	0 1 2 3
Man sagt von mir, dass ich sehr charmant sein kann.	0 1 2 3
In Gesellschaft bin ich häufig sehr lebhaft.	0 1 2 3
Ich habe kein Problem damit, spontan auf andere Menschen zuzugehen.	0 1 2 3
Andere sagen über mich, dass ich attraktiv wirke.	0 1 2 3
Man sagt mir eine besondere Anziehungswirkung auf Männer, wie Frauen nach.	0 1 2 3
Ich arbeite lieber mit Menschen und bin mit ihnen zusammen, als alleine Routinetätigkeiten oder monotone Tätigkeiten zu erledigen.	0 1 2 3
Gesamtpunkte-Anzahl:	

Der Saphir als Kraftstein bringt Konzentration und Geradlinigkeit. Er richtet die Gedanken auf gesetzte Ziele aus und mobilisiert unsere Geisteskraft, diese auch zu erreichen. Der Saphir macht selbstkritisch und fördert den Wunsch nach Wissen und Weisheit. Er macht nüchtern und klar, bringt Geradlinigkeit und die Fähigkeit, zerstreute geistige Kräfte auf ein Ziel hin zu bündeln. Er verhilft, das eigene Leben gründlich zu betrachten und alles, was dieser Prüfung nicht standhält, zu verwerfen.

I. Bernsteinblock

Wenn ich mir etwas vornehme, bereitet es mir oft Mühe und Anstrengung, das Vorhaben auch tatsächlich durchzuführen.	0 1 2 3
Ich verspüre schnell und oft Schuldgefühle.	0 1 2 3
Ich verzweifle schnell, auch bei Alltäglichkeiten.	0 1 2 3
Ich kann es nicht verstehen, dass Menschen in schwierigen Lebenslagen oft so zuversichtlich sein können.	0 1 2 3
Ich bezweifle, dass Situationen oder Dinge, die mir unangenehm sind, sich je ändern werden.	0 1 2 3
Ich neige dazu, über vieles im Leben sehr ausführlich nachzugrübeln.	0 1 2 3
Es gibt immer wieder Tage, an denen ich mich selbst so gar nicht mag und wütend auf mich bin.	0 1 2 3
Gesamtpunkte-Anzahl:	

Der Bernstein als Kraftstein hilft überall dort wo Energie und Sonne gebraucht werden. Seine sonnige Farbe fördert Glück und Erfolg und er saugt vor allem negative Energien auf. Er fördert so ein sonniges Wesen, das sanft und nachgiebig und doch auch sehr selbstbewusst erscheint. Er verhilft zu mehr Spontaneität und Aufgeschlossenheit, baut Widerstände ab, macht flexibler und fördert die Kreativität. Er steigert die Motivation für die persönliche Wunscherfüllung.

J. Jadeblock

Selbst bei kleinen Enttäuschungen, kann ich meine Gefühle nicht unter Kontrolle halten.	0 1 2 3
Meine Gefühle und meine Stimmung wechseln oft völlig unerwartet und intensiv.	0 1 2 3
Mich überfällt oft ein Gefühl innerer Leere.	0 1 2 3
Wenn ich merke, dass mich jemand mag, werde ich oft unsicher und bin besorgt, dass diese Sympathie nicht lange bestehen bleibt.	0 1 2 3
Ich bin sehr sprunghaft, was meine Selbstachtung betrifft: So können hier meine Empfindungen schlagartig von sehr positiv zu sehr negativ wechseln.	0 1 2 3
Es gibt immer wieder Tage, an denen ich grundlos von Gefühlen der Ängstlichkeit heimgesucht werde.	0 1 2 3
Ich nehme mir oft Gefühle die ich habe übel und ärgere mich dann über diese Gefühle.	0 1 2 3
Gesamtpunkte-Anzahl:	

Jade als Kraftobjekt beruhigt und erzeugt innere Gelassenheit und inneres Gleichgewicht durch das Besänftigen innerer Tumulte und bringt inneren Frieden. Jade hilft auch, innere Verkrampfungen zu lösen. Sie wirkt ausgleichend: Bei zu viel Aktivität wirkt sie beruhigend, bei Trägheit aktivierend, bei Gereiztheit beruhigend. Sie hilft, sich abzugrenzen und regt an, Ideen zu verwirklichen und Entschlüsse in die Tat umzusetzen. So fördert sie die Selbstverwirklichung und hilft einem dabei, sich selbst als geistiges Wesen zu erkennen und spielerisch-spontan das Leben zu gestalten.

K. Malachitblock

Ich zähle zu den Menschen die viele Ideale und Träume haben.	0 1 2 3
Ich mag den Gedanken, bekannt und berühmt zu sein.	0 1 2 3
Ich erwarte von meinem Umfeld, dass es Ideen und Wünsche die ich einbringe ohne viele Widerworte akzeptiert.	0 1 2 3
Wenn mich andere nicht verstehen, macht mich das ärgerlich und missmutig.	0 1 2 3
In meinen Träumen stelle ich mir gerne vor, wie erfolgreich ich sein werde.	0 1 2 3
Schon als Kind hatte ich oft das Gefühl, etwas Besonderes zu sein.	0 1 2 3
Es befriedigt mich sehr, im Mittelpunkt zu stehen.	0 1 2 3
Gesamtpunkte-Anzahl:	

Der Malachit als Kraftstein hilft uns zur Annahme von Licht und Schatten in unserem Wesen. Seine sanfte Schwingung hilft bei Wandlung und Erneuerung. Er fördert unsere Beobachtungsgabe und das Verstehen, außerdem wirkt er sich positiv auf unsere Sinnlichkeit, Freundschaften und Gerechtigkeit aus und macht einfühlsam.

L. Smaragdblock

Ich bin ein Mensch, der seine Gefühle anderen gegenüber sehr spontan zum Ausdruck bringt.	0 1 2 3
Ich kann mich täglich für etwas begeistern, sei es für Menschen, Ideen oder Dinge.	0 1 2 3
Ich mag es nicht, untätig zu sein, selbst in der Freizeit nicht.	0 1 2 3
Während ich mich mit einer Sache beschäftige, denke ich schon daran, was ich anschließend tun werde.	0 1 2 3
Ich habe das Gefühl über Unmengen an Energie zu verfügen, etwas zu leisten macht mir Freude.	0 1 2 3
Alle meine Tätigkeiten führe ich sehr zügig durch.	0 1 2 3
Langsamkeit von Menschen mit denen ich zusammen bin oder arbeite, kann mich ungeduldig machen.	0 1 2 3
Gesamtpunkte-Anzahl:	

Der Smaragd als Kraftstein bringt Ausgeglichenheit, Offenheit, Erholung und Regeneration. Der Smaragd regt an, intensiv zu leben und zu genießen. Er fördert geistiges Wachstum, Hellsichtigkeit sowie den Sinn für Schönheit, Harmonie und Gerechtigkeit. Er unterstützt die Aufrichtigkeit, Zielstrebigkeit und Lebensfreude und fördert Freundschaft.

Hier finden Sie nun die irdische Auswertung des magischen Geschehens:

A	Der Chalzedonblock führt Sie zu Angakanga.
B	Der Achatblock lässt Sie Bekanntschaft mit Bliff & Bluff machen.
C	Der Amethystblock treibt Sie Irli in die Arme.
D	Der Türkisblock fordert Sie auf freundlich auf Sardono zu blicken.
E	Der Rosenquarzblock hält Makuko davon ab, sich vor Ihnen zu verstecken.
F	Der Karneolblock zwingt Sie mit Hikito Kontakt aufzunehmen.
G	Der Turmalinblock zeigt Ihnen den Weg zu Ojemito.
H	Der Saphirblock lockt Sie schillernd zu Omombo.
I	Der Bernsteinblock lässt die Sonne über Ozillo aufgehen.
J	Der Jadeblock schubst Sie zu Magunda.
K	Der Malachitblock spiegelt Ihnen Immidimmi wider.
L	Der Smaragdblock ruft Ihnen zu, rasch zu Uglumuglu zu eilen.

Angakanga **Angakanga** Angakanga ***Angaka***

Angakanga

gakanga **Angakanga** Angakanga

anga Angakanga **Angakanga** Angakanga

Angakanga **Angakanga** Anga

Angakanga ist ein sehr wendiges Erdgeistchen. Wenn es nicht auffallen möchte, kann es sich ganz dünn machen oder die Farbe der Umgebung annehmen. Man könnte fast glauben, es habe die Fähigkeit, sich unsichtbar zu machen. Es weist ein zurückhaltendes Verhalten auf, besonders wenn es mit ihm nicht bekannten Wesen, seien es Erdgeistchen oder Menschen, zusammentrifft.

Angakanga erwartet von sich selbst sehr viel. Arbeiten die es erledigt, müssen mehr als gut sein. Wie es beurteilt, ob etwas „mehr als gut" ist, das ist ein Geheimnis von ihm und nicht so einfach zu durchschauen. Es verrät aber, dass es gegenüber sich selbst sehr kritisch ist. Vielleicht liegt sein Geheimnis darin, dass es nur selten mit den eigenen Leistungen zufrieden ist, weil es stets in Sorge ist, dass andere Menschen bessere Leistungen erbringen können, als es selbst dazu in der Lage ist. Da es aber trotzdem ein Output liefern muss, da es nicht bis ins Unendliche etwas verbessern kann, ist das ein wenig problematisch. Daher zögert Angakanga beispielsweise den Beginn der Bearbeitung seiner Aufgaben möglichst lange hinaus, damit es die Perfektionierung und den optimalen Beginnzeitpunkt in Gedanken planen kann. Oder es beginnt ehest möglich und verbessert sein Werk bis zum letzten Moment.

Beim Hinauszögern vermeidet Angakanga das unangenehme Gefühl, das eintreten könnte, wenn es mit der Umsetzung seiner Aufgabe nicht zufrieden ist. Wenn es dann unter Zeitdruck steht, bleibt wenig Möglichkeit, sich damit auseinanderzusetzen. Nachteil ist, dass es sich dadurch selbst Stress macht und trotzdem mit dem Output nicht zufrieden sein wird.

Beim Verbessern bis zur Perfektion, ist man so sehr in die Thematik verbissen und verausgabt, dass man keine Distanz und keine Energie mehr hat, um das Produkt beurteilen zu können. So kommt Angakanga immer wieder in die Situation, unzufrieden mit sich selbst und seiner Leistung zu sein. Das heißt jedoch nicht, dass es seine Arbeit nicht gut erledigt, es sieht es nur nicht so. Ein Hindernis ist auch, dass Angakanga

Hemmungen hat, seine Leistung anderen zu präsentieren und somit zu zeigen, was alles in ihm steckt. Angakanga drängt sich nicht in den Vordergrund, weder in Situationen am Arbeitsplatz, noch im Freundes- oder Bekanntenkreis. Obwohl das in manchen Situationen ein Hindernis ist, ist es etwas, dass die FreundInnen und KollegInnen an ihm sehr mögen. Sie mögen seine zurückhaltende, bescheidene Art.

Hin und wieder vermeidet Angakanga auch Situationen mit engen zwischengeisterlichen Kontakten, obwohl es andere Erdgeistchen mag, es möchte ihnen gerne näher kommen. Jedoch hat es sehr häufig große Bedenken, zurückgewiesen zu werden. Das mag es nicht und daher ist es vorsichtig. Nachvollziehbar, denn wer möchte das schon gerne?

Hinzu kommt, dass Angakanga auch ein sehr feines Empfinden für Ungerechtigkeit hat und andere nicht kränken möchte. Es ist ein sehr einfühlsames Erdgeistchen. Spürt es, dass sich ein Konflikt anbahnt, so versucht es diesen auszugleichen. Spürt es, dass jemand aus seinem Freundeskreis traurig ist oder Unterstützung braucht, so versucht es für diese Person da zu sein. Auf Angakanga kann man sich immer verlassen und das wissen alle, die Angakanga kennen. Dieses rücksichtvolle Verhalten und die Hilfsbereitschaft beanspruchen manche Mitgeistchen sehr stark. Sei es aus Egozentrik, weil sie ihren eigenen Bedürfnissen gut nachkommen können, oder auch, weil es für sie so selbstverständlich ist, dass Angakanga immer selbstlos für sie da ist, dass sie gar nicht weiter darüber nachdenken.

Wichtig für Angakanga ist, dass es dabei aber nicht auf sich selbst vergisst und sich als unscheinbar und unwichtig empfindet. Dieses Geistchen neigt oft zu folgenden Gedanken:

- Ich bin nicht so attraktiv, klug, geschickt, begabt (usw.) wie andere.
- Ich bin für andere nicht besonders interessant.
- Ich bin eher langweilig.
- Besser nicht auffallen, sonst könnte ich negativ auffallen.

- Wenn ich etwas sage, könnte ich mich blamieren (also sage ich nichts).
- Ich habe anderen wenig zu bieten.
- Ich kann andere schlecht unterhalten.
- Ich kann nicht gut schlagfertig oder witzig sein.
- Ich kann andere schlecht auf mich aufmerksam machen oder für mich einnehmen.
- Ich bin in Gesellschaft weniger ungezwungen, als andere.
- Ich habe Sorge, andere zu enttäuschen.

Angakanga hat auch schon erlebt, dass andere Wesen es als abweisend, ja sogar arrogant wahrgenommen haben. Wie kann das passieren, wo es doch so vorsichtig ist, andere nicht kränken mag und nicht auffallen will? Vermutlich passiert es aus genau diesem Grund. Angakanga ist unsicher, ob es gemocht wird. Die oben angeführten Aussagen zum Selbstbild würden ja recht eindeutig dagegen sprechen, dass es gemocht werden könnte. Und weil es nicht gerne diese Enttäuschung der von ihm erwarteten Ablehnung oder Blamage erleben will, ist abweisendes Verhalten eine Form von Sicherheitsabstand. Angakanga sendet dann Signale wie „Bitte nicht stören" aus. Die Umwelt reagiert darauf und lässt es in Ruhe. Das wiederum bestätigt Angakangas Annahmen über sich selbst. Nachdem Angakanga jedoch auch gerne nachdenkt, hat es sich selbst schon durchschaut und weiß, dass es sich mit dieser Sicht auf sich Selbst und auf die Welt nichts Gutes tut und arbeitet bereits fleißig an sich.

Angakanga weiß auch von seinem Großvater Bertalisell, dass dieser ihm sehr ähnlich war. Er hat ihm erzählt, dass er als junger Mann auch große Angst gehabt hat, dass ihn andere ablehnen. Da der Großvater, wie sein Enkelkind immer schon viel nachdachte und ein weiser Mann mit viel Lebenserfahrung ist, riet er Angakanga, seinen „Seelenegelsatz" zu suchen. Was ein Seelenegelsatz ist? Das sind Gedanken, die man häufig denkt, ohne es zu wollen, also automatische Gedanken, die sich sofort festsaugen wie ein Blutegel. Sie saugen jedoch kein Blut, sondern Energie.

In der Psychologie nennt man sie „irrationale Überzeugungen". Seelenegel halten sich gerne in folgenden Gewässern auf:

Meer der absoluten Forderungen

In diesem Meer wird ein Wunsch zu Forderung und Erwartung, z.B. „Ich darf keine Fehler machen, ich muss immer alles richtig machen". Eigentlich wäre ein „Ich wünsche mir keine Fehler, sondern alles richtig zu machen." viel leichter umzusetzen.

Tümpel der globalen Selbst- und Fremdeinschätzung

In diesem Tümpel nimmt man sich und andere als „absolut" wahr, statt Eigenschaften, Einstellungen, Fähigkeiten, Verhaltensweisen und Handlungen differenziert zu betrachten. Auch der Zusammenhang zur jeweiligen Situation sollte nicht außer Acht gelassen werden, sonst denkt man z.B. „Ich bin ein Versager" statt „es ist mir nicht gelungen".

Als Beispiel für eine differenzierte Betrachtung eignen sich die folgenden Gedankengänge: Mathematik ist nicht meine Stärke, deswegen bin ich aber kein Dummkopf. Unter Zeitdruck kann ich nur langsam rechnen. Es mag sein, dass das andere nicht nachvollziehen können, aber deswegen kann ich auch nicht plötzlich schneller rechnen. Ich verfüge jedoch auch über viele Stärken und Fähigkeiten.

Hinzu kommt, dass Lebewesen, wie Menschen und Erdgeistchen, viel zu komplex sind, um sie mit einem Begriff zu beschreiben und sie mit einem bestimmten Wert zu versehen.

Seen des Katastrophendenkens

In den Seen des Katastrophendenkens erwarte ich viel eher, dass etwas katastrophal verläuft, statt ein zufriedenstellendes Ergebnis in Erwägung zu ziehen. Z.B. „Wenn ich meine KollegInnen zum Essen einlade, wird sicher niemand Zeit haben oder wir werden keinen Termin finden." statt „Hoffentlich finden wir einen Termin, bei dem viele Zeit haben!".

„Es wird ganz fürchterlich werden, wenn mir dieses schreckliche Wesen bei dieser unerträglichen Hitze katastrophale Fragen stellen wird." Es ist keine angenehme Vorstellung sich hilflos, passiv, erstarrt und völlig einflusslos zu fühlen – ob diese Vorstellung hilfreich ist?

Meerenge der Frustrationstoleranz

Wenn ich in dieser Meerenge bin, denke ich, dass ich unangenehme Gefühle oder Situationen die solche auslösen könnten, unmöglich aushalten kann. So denke ich mir z.B. „Ich halte es niemals aus, wenn ich in beim Telefonieren mit X plötzlich zu stottern beginne." statt „Es ist unangenehm in einem Telefonat ins Stocken zu kommen.".

In diesen Gedanken und Aussagen finden sich auch viele Erwartungen und Sorgen. Man spricht in diesem Fall auch von Erwartungsangst. Diese ist immer größer als jene Angst, die in der Realsituation auftritt. Nur hindert diese Erwartungsangst Erdgeistchen, wie Menschen oft daran, sich den befürchteten Situationen überhaupt erst einmal zu stellen. Sie werden „einfach" vermieden und durch diese Vermeidung komme ich gar nicht in den Genuss zu erleben, wie gut ich Situationen meistern kann bzw. dass meine Befürchtungen nur in einem geringen Ausmaß oder gar nicht eintreten.

Angakangas Großvater rät, mit diesen Seelenegelgedanken zu diskutieren, sie in Frage zu stellen und gute Argumente zu finden, die sie widerlegen können:

- „Sind die Fakten wirklich so eindeutig, wie ich es annehme?"
- „Sind meine Schlussfolgerungen wirklich so schlüssig, wie ich meine?"
- „Sind die Gefühle tatsächlich so negativ?"
- „Was nützt mir diese negative Bewertung?"
- „Sind meine moralischen Vorstellungen in der Strenge tatsächlich gerechtfertigt?"

Auch fordert er Angakanga auf, seine Gedanken, Gefühle und Verhaltensweisen im Alltag zu beobachten, um die Seelenegel zu entdecken und mit konstruktiven Gedanken bunte Seelenfischchen zu erschaffen, die die Seelenegel verscheuchen. Es könnte Angakanga auch einmal gut tun, sich so richtig unsinnig zu verhalten. Es kann sich noch gut daran erinnern, dass es in seiner Jugend mit einem Freund in der Straßenbahn gefahren ist und recht laut mit dem darüber gesprochen hat, dass Außerirdische an genau diesem Tag am Stephansplatz gelandet wären und sie diese zum Essen eingeladen hätten usw. Ein anderes Mal haben sie in einer Bäckerei darauf bestanden, Briefmarken kaufen zu wollen. Angakanga werde sicher etwas einfallen, das es einmal ausprobieren könnte, denn Großvater Bertalisell weiß, dass Angakanga im Grunde ein sehr mutiges, humorvolles und liebenswertes Erdgeistchen ist.

Erdgeistchen wie Angakanga mögen es, wenn ihnen ihre Mitgeister zeigen, dass sie sich auf sie verlassen können und großes Vertrauen zu ihnen haben, seine Meinung hören wollen und als wichtig erachten. Sie freuen sich auch, wenn man ihnen etwas zutraut. Als besonders angenehm empfinden sie es, wenn man ihnen dabei hilft, befürchtete Katastrophen zu relativieren, indem man bespricht, welche Handlungsspielräume bestehen, sollte die befürchtete Katastrophe tatsächlich eintreten. Angakanga weiß, dass es ihm hilft, wenn andere Menschen es dabei unterstützen, die eigenen Fähigkeiten zu sehen und ihm rückmelden, dass es durch diese oder jene Fähigkeit auf diese oder jene Weise in einer angstbesetzten Situation handelt. Angakanga braucht hin und wieder einen Spiegel, der frei von schwarzen Gedankenflecken ist und mit hochprozentigem liebvollem Humor geputzt wurde. Nicht ganz geheuer ist Angakanga, dass man den Widerspruch, Aufsehen zu erregen oder angestarrt zu werden, ertragen kann und, dass dabei so gar nichts passiert. Sind Sie ein Freund oder eine Freundin von jemandem wie Angakanga, so können Sie mit gutem Beispiel voran gehen. Angakanga darf sich nämlich durchaus aufblähen, dick machen, widersprechen und es darf auch in schillernden Farben aus der Umgebung herausleuchten und wenn es Lust hat oder es von Vorteil ist, kann es auch hin und wieder unsichtbar werden. Tarnkappen sind seit jeher gefragte Utensilien der magischen Welten.

Bliff & Bluff

Bliff & Bluff Bliff

ff & Bluff Bliff & Bluff Bliff & Bluff

& Bluff Bliff & Bluff **Bliff & Bluff** & Bluff & Bluff **Bliff** Bliff & Bluff **Bliff & Bluff** Bliff &

Auf dem Familienwappen der VorfahrInnen von Bluff räkelt sich schnarchend ein Cerberos. Bluff liebt dieses Tier, es verkörpert für dieses Geistchen das ideale Wesen. Ein Wesen das nie alleine ist, sondern je nach Darstellung über drei oder auch fünfzig Köpfe verfügt. Cerberus, der Höllenhund und Wächter des Tors zur Unterwelt, genießt den Respekt von allen Wesen, ohne sich dabei Gedanken zu machen, ob es geliebt wird. Cerberos hat auch liebenswerte Seiten, wie alle Harry Potter LeserInnen wissen, wird auch der dreiköpfige Hund Fluffy von Rubeus Hagrid zu einem knuddeligen Flauschehund, wenn er Musik zu hören bekommt. In der griechischen Mythologie war Cerberos durch Honigkuchen zu besänftigen. Jener Cerberos, namens Buffl, auf dem Familienwappen der Bluffs, so weiß dieses Erdgeistchen aus Überlieferungen durch seine Großeltern, war das Wächtertier des Bluff'schen Hofes. In seiner Freizeit liebte Buffl es, mit der Seekuh, dem Rapsgeist und dem Feuerwächter durch Waldviertler Mohnfelder zu schwimmen und abends auf seinem Kuschelpolster vor dem Kamin zu liegen und sich von den Erdgeistchen des Hauses seinen Bauch kraulen zu lassen. So haben Buffl, Fluffy, Cerberos, Zerbereus oder wie auch immer diese Wesen genannt werden, zwei Seelen in ihrer Brust, die sich gut ergänzen.

Bluff liebt die Vorstellung, gemocht zu werden und gleichzeitig als selbstbewusstes Wesen von seinem Umfeld geachtet und respektiert zu werden – gefürchtet möchte es nicht unbedingt sein. Leider ist jedoch die Suche nach uneingeschränkter Zuwendung ein Problem von Bluff. Um Zuwendung und Bestätigung zu erhalten, braucht es immer ein Wesen in seiner Nähe, sowie eben Bliff. Bluff hat diese anhängliche Seite seiner Persönlichkeit in den letzten Jahren schon erkannt und versucht, daran zu arbeiten. Wenn Bluff merkt, dass es unsicher wird und Zuspruch braucht, hat dieses Geistchen ein Ritual entwickelt. Es rezitiert leise in Gedanken aus Dantes Göttlicher Komödie folgende Zeilen um sich stark zu fühlen:

„Ein Untier, wild und seltsam, Zerberus,
Bellt, wie ein böser Hund, aus dreien Kehlen
Jedweden an, der dort hinunter muss.
Schwarz, feucht der Bart, die Augen rote Höhlen
Mit weitem Bauch, die Hände scharf beklaut,
Vierteilt, zerkratzt und schindet er die Seelen. [...]
Der große Höllenwurm, der uns ersehen,
Riss auf die Rachen, zeigt uns ihr Gebiss
Und ließ kein Glied am Leibe stillestehen."

Hin und wieder klappt das schon recht gut und Bluff fühlt sich dann selbstsicher, eigenständig und unabhängig.

In früheren Zeiten und auch jetzt noch, ist es an vielen Tagen jedoch nicht so und Bluff braucht dann einfach Bliff. Bluff mag nicht gerne alleine sein oder etwas alleine tun. Dieses Erdgeistchen hält sehr fest am Prinzip der Solidarität und Partnerschaft. Das ist durchaus eine positive Einstellung, die Freundschaften zuträglich ist. Wäre hier nicht noch etwas, nämlich, dass Bluff meint, alleine nicht besonders alltagstauglich zu sein.

Bluff führt hier immer wieder an, dass dies in der Wissenschaft ja auch bestätigt wurde und beispielsweise die Zahl „2", in der Kernphysik eine der magischen Zahlen ist, da zwei Protonen oder Neutronen eine Schale füllen und Atome, deren Nukleonenzahl den magischen Zahlen entsprechen eine besonders hohe Stabilität besitzen. Sowie die Zwei auch die kleinste und die einzige gerade Primzahl ist und ein großer Teil des Tierreichs, darunter alle Wirbeltiere (auch der Mensch gehört zu den Bilateria), Wesen sind, deren Körper spiegelsymmetrisch gebaut ist, wodurch viele Organe doppelt oder paarweise angelegt sind. Bei so viel Wissenschaftlichkeit ist es wirklich schwer, gegen Bluffs Drang zur Zweisamkeit zu argumentieren. Aber hat es auch bedacht, dass Primzahlen, wie eben auch die Zwei, nur durch sich selbst teilbar sind, also völlig unabhängig von anderen Zahlen, ganz alleine auf sich gestellt sind?

Bei alltäglichen Entscheidungen fragt Bluff stets Bliff um Rat. Nur wenn Bliff der gleichen Meinung ist, fühlt sich Bluff gut. Es werden oft auch noch weitere FreundInnen oder Bekannte um Rat gefragt. Bluff richtet seine Meinung dann meist nach jener der anderen. Da es aber auch verwirrend und mühsam ist, sich zwischen z.B. fünf verschiedenen Meinungen für eine zu entscheiden, versucht Bluff oft gleich, seiner Umwelt die Entscheidungen komplett zu überlassen. Da dieses Geistchen auch nicht gerne widerspricht, „schlägt es so zwei Fliegen mit einem Schlag".

Bluff sieht sich selbst oft als unzulänglich und unfähig, in dieser Welt, die ihm Angst macht, zu behaupten. Bluff liebt es, jemanden an seiner Seite zu haben, der es beschützt und umsorgt – so jemand wie Bliff. Um Bliff nur ja nicht zu verlieren – denn Bluff hat große Angst FreundInnen zu verlieren – sagt es zu fast allem Ja, was Bliff meint oder will.

Das war schon in der Schule so, da hat Bluff alle Geistchen, die fragten (manchmal sogar solche, die nicht gefragt haben) abschreiben lassen. So geschah es, dass Bluff einmal auf eine Arbeit ein Nichtgenügend bekam, weil eine Lehrerin meinte, Bluff hätte abgeschrieben. Sie begründete es so, dass der Klassenkollege doch immer aufzeige und zu allem etwas zu sagen habe, Bluff hingegen immer so stumm, still und leise dasitze, als würde es nichts interessieren. Klarerweise ist es doch so, dass jene Geistchen abschreiben, die weniger wissen. Und weil Bluff sich damals ja auch schon nicht widersprechen traute und nicht wollte, dass die KlassenkollegInnen es dann vielleicht nicht mehr mögen, sagte Bluff nichts.

Sogar unangenehme Dinge und Aufgaben nimmt Bluff auf sich, ohne mit der Wimper zu zucken. Früher tat es das in der Schule, jetzt in seinem Beruf und auch im Freundeskreis. Aufgaben wie das Einsammeln von Geld für das Geburtstagsgeschenk für die von allen gefürchtete Chefin, den Gemeinschaftskühlschrank sauber halten, Kopierpapier nachlegen, trotz Müdigkeit nach Firmenfeiern mehrere KollegInnen nach Hause zu

hingegen sehr autoritär erzogen wurden und Widerspruch oder Autonomie unterbunden wurde. Bluff steht nun vor einer klassischen Dilemma-Situation: „Zwei Möglichkeiten – welche trifft denn nun auf mich zu?" „Wen kann ich denn da fragen? Mutter? Vater? Großvater? Angakanga?, oder Magunda?" schoss es Bluff durch den Kopf. Aber siehe da, während Bluff noch unsicher überlegte und schon ansetzte, Dantes Höllenhundstrophe zu rezitieren, erschienen vor seinem inneren Auge Bilder aus seiner Kindheit und Jugend. Plötzlich hatte es nicht mehr das Bedürfnis jemanden zu fragen, denn es wurde ihm bewusst, dass es seine Kindheit und Jugendzeit ja selbst erlebt hatte und selbst am besten wusste, was für es das richtige ist.

Würde man Bluff nun den Vorschlag machen, sich einmal nicht an den Bedürfnissen und Erwartungen seiner Umwelt zu orientieren, sondern die eigenen Bedürfnisse, Wünsche und Erwartungen zu äußern, so kann es sein, dass Bluff ganz still und sprachlos wird.

Wichtig wäre es für Wesen, die ähnliche Denk- und Verhaltensweisen wie Bluff haben, sich selbst zu fragen:

- Gibt es etwas, wonach ich mich sehne?
- Was genau ist mir wichtig in meinem Leben?
- Was brauche ich, um mich wohlzufühlen?
- Wie möchte ich meine Beziehungen gestalten?
- Was ist mir unangenehm?
- Welche Verhaltensweisen mag ich bei FreundInnen nicht?

Wenn Bluff nun plötzlich dabei entdeckt, dass es da doch einiges gibt, es aber von Angst gebeutelt wird, wenn es daran denkt, etwas verändern zu müssen, wodurch die Nichtgemochtwerden- oder Verlassenwerden-Katastrophe eintreten könnte, dann kann es helfen, sich auch noch weiter Gedanken darüber machen:

- Ich habe solche Angst verlassen zu werden – aber bin ich denn dann sofort ganz allein?

- Wenn ich doch so viel für andere tue – wieso fühle ich mich dann unfähig oder hilflos?
- Warum sollten mich andere plötzlich nicht mehr mögen, nur wenn ich meine Meinung habe – ich mag sie ja auch, so wie sie sind?
- Was könnte mir daran reizvoll erscheinen, wenn ich eigene Wünsche äußere und eigene Entscheidungen treffe?

Bluff hat bereits all diese Fragen für sich beantwortet. Es hat sich so auch seine Wünsche und Bedürfnisse zusammengeschrieben sowie Verhaltensweisen und Dinge, die es nicht mag. Es kam zu dem Schluss, dass es sich gerne freundlich, kooperativ und solidarisch verhält, aber mit seiner Hilfsbereitschaft in Zukunft doch sparsamer umgehen wird.

Es hat sich jetzt einmal den Vorsatz genommen, Hilfe nicht selbst allen anzubieten, sondern zu warten, bis es darum gebeten wird. Bluff will künftig auch, bevor es andere um Rat fragt, zuerst in sich gehen und nachfühlen, was es selbst will und diese Entscheidung notiert es sich dann in seinem Entscheidungsbuch oder -heft. Dieses Buch oder Heft sucht es sich nach seinen ganz individuellen Vorlieben aus. Es wird selbst entscheiden (schon als kleine Übung, Entscheidungen alleine zu treffen) ob das Heft einen seidigen, gemusterten, einfärbigen, schwarzen oder sonstigen Einband haben soll und ob es glatt, kariert oder liniert ist. Eines weiß Bluff schon sicher, ein Cerberos wird auf die erste Seite gezeichnet, damit es nie vergisst, dass eine wehrhafte und eine liebenswürdige Seele in einer Brust durchaus gut zu vereinen sind. Auch sieht Bluff den Cerberos als sein Krafttier und als Wächter seiner Selbstachtung.

Wenn es seine Entscheidungen nun immer zuerst in das Heft schreibt, kann es sich später nicht selbst beschummeln, indem es die fremde Entscheidung schön redet und als eigene ausgibt.

Erst nachdem es seinen eigenen Standpunkt notiert hat, erlaubt es sich nun ein anderes Wesen um dessen Meinung zu fragen. Gibt es Diskrepanzen zwischen seiner und der erfragten Möglichkeit, kann es im-

mer noch eine Pro/Kontra Liste erstellen. Es darf auch zu Beginn ein Kompromiss werden. Bluff hat sich allerdings vorgenommen, ein freundliches, kooperatives, aber selbstbestimmtes Erdgeistchen zu sein. Bliff ist auch davon begeistert, da es schon manchmal anstrengend ist, für Bluff mitentscheiden und seine Zuneigung immer und immer wieder bestätigen zu müssen.

Bluff hat auch entdeckt, dass es nicht so richtig weiß, wie man streitet. Es liegt nicht nur daran, dass es sich nicht traut, sondern es fehlt ihm doch auch ein wenig das Zeug dazu, sich selbst zu behaupten. Fertigkeiten der Selbstbehauptung sagt man dazu, diese kann übrigens jedes Wesen lernen. Bluff hat das Bedürfnis, mehr darüber zu lesen und wird sich Bücher aussuchen oder vielleicht ein Seminar besuchen? Bluff erinnert sich an seinen Vorsatz, in sich hineinzuhören, was es selbst will – und das wird Bluff auch tun.

Sollte Bluff zufällig einmal Sie um Rat fragen, so erkundigen Sie sich zunächst nach seinem Standpunkt und lassen Sie sich diesen erzählen. Entscheiden Sie aber auf keinen Fall an seiner Stelle, auch wenn Bluff Sie ausdrücklich darum bittet!

Haben Sie Wesen mit Bluffs Persönlichkeit in Ihrem Freundeskreis, zögern Sie nicht, diese Wesen öfter um Rat oder deren Meinung zu fragen, so erkennen diese, die eigenen Kompetenzen und Fähigkeiten.

Bei Kritik seien Sie hingegen vorsichtig und versuchen Sie nur konstruktive Kritik anzubringen. Wobei eine solche in jedem Fall, egal welchen Persönlichkeitsstil ein Wesen hat, von Vorteil ist – oder mögen Sie selbst nicht lieber mit sachlichen Veränderungsvorschlägen und Hinweisen zu einem Missgeschick oder Fehlverhalten konfrontiert werden, als mit einem abwertenden Rundumschlag?

Wir sollen auf jeden Fall vermeiden, Wesen von Bluffs Persönlichkeitsstruktur auszunützen, auch wenn sie ständig ihre Hilfe anbieten und es für uns bequem sein mag, diese einfach anzunehmen. Ebenso wenig ist es angebracht, sie plötzlich im „Regen stehen zu lassen“, damit sie endlich lernen, für sich zu sorgen.

Wenn wir den Eindruck haben, sie sind uns zu nahe oder überhäufen uns mit Zuwendung und Unterstützung, dann haben wir die Verantwortung dies freundlich und sozial kompetent rückzumelden. Entdecken wir, dass uns das Schwierigkeiten bereitet, können wir das Kapitel Bliff & Bluff nochmals durchlesen und die eine oder andere Verhaltensweise von Bluff vielleicht an uns selbst entdecken?

Dabei sollte nicht vergessen werden, dass Abhängigkeit zur Natur des Erdgeistchens, wie des Menschen gehört. Erdgeistchen kommen auch als winzige Wesen auf die Welt und sind von Erwachsenen abhängig um psychisch, wie physisch überleben zu können. Sie müssen versorgt, geliebt, geknuddelt werden, wie Sie schon im Kapitel „Wie werde ich, ich“, gelesen haben. Aber es kommt bald der Zeitpunkt, wo jedes kleine Wesen nach Autonomie strebt und diese muss bereits sehr früh gefördert und auch in einem gesunden, konstruktiven Rahmen zugelassen werden.

Gemeinschaftssinn, das Bedürfnis nach Zugehörigkeit, die Freude an Gesellschaft und Zweisamkeit, jemanden um Rat fragen, jemanden seine Hilfe anbieten, für andere da sein, seine Bedürfnisse hinter die anderer zurückstellen können, verschiedene Meinungen einholen, Angst haben alleine zu sein und sich lieber zu vertragen, statt zu streiten – das alles ist normal und trägt auch zu einem angenehmen Miteinander bei. Die Menge und die Intensität machen das Gift, das wusste schon Paracelsus und mittlerweile weiß es auch Bluff.

Seit Bluff kürzlich entdeckt hat, dass nicht nur Makuko eine Tarotkarte schmückt, sondern auch es selbst und Bliff, ist es mit Stolz und Freude erfüllt. Es ist die Tarotkarte „die Liebenden“ die ursprünglich „die Entscheidung“ genannt wurde. Diese Karte symbolisiert alle Entscheidungen, die wir aus dem Herzen (oder dem Bauch heraus) treffen und nicht viel überlegen oder andere fragen müssen, bis wir zu einem Entschluss kommen. Jeder der Liebenden spiegelt sich zwar im anderen

wider und mit Hilfe des anderen erkennt sich jeder selbst, jedoch ist ganz wichtig dabei: Beide stehen frei und unabhängig da – und daran will sich Bluff auch in Zukunft halten.

Hikito

Hikito Hikito Hikito Hikito Hikito Hikito Hikito Hikito Hikito Hik

Hikito Hikito ***Hikito*** Hikito **Hikito** Hikito Hikito **Hikito** Hikito ***Hikito*** Hik

Hikito ist ein ernsthaftes, gewissenhaftes und sehr hartnäckiges Erdgeistchen. Es ist zufrieden, wenn sein Alltag einen festen Ablauf hat, zumal Hikito auch gerne lange im Voraus plant und Zufälle am liebsten ausschalten würde. Vor kurzem traf Hikito, das um seine gewohnte Tageszeit zum Alibl-Supermarkt einkaufen ging, das ehemalige SchulkollegInnengeistchen Omombo. Als dieses freudig ausrief „Was für ein Zufall, dich hier zu treffen!" versteinerte sich Hikitos Miene und es erklärte ihr, dass dies kein Zufall sei, denn es gehe immer um diese Zeit hier einkaufen. Das, wobei unsere Berechnungen versagen, nennen wir Zufall, sagte schon Albert Einstein. Wenn Omombo also zu schusselig sei, Muster, Strukturen und Gesetzmäßigkeiten zu erkennen, dann sei das ein Problem, aber es solle Hikito deswegen nicht Zufall unterjubeln. Omombo fing zu kichern an und gluckste: „Noch immer der rationale und vernünftige Mr. Spock!"

Mr. Spock, das war Hikitos Spitzname in Schulzeiten. Irgendwie mochte er diesen Vergleich sogar. Wobei nicht die Ähnlichkeit der Ohren ausschlaggebend war, sondern das Verhalten. Bei Spock beruht alles rein auf Logik und da er seine Emotionen nur sehr zurückhaltend zeigt, reagiert er stets logisch und besonnen. Obwohl Spock schon hin und wieder Andeutungen eines Lächelns zeigt und emotionale Handlungen setzt, ist er unter keinen Umständen bereit, dies zuzugeben und wird damit auch geneckt.

Hikito kann allerdings schon lachen, aber eher dezent und nicht so, dass es sich selbst vergisst, wie z.B. Omombo. Dieses Geistchen war Hikito schon immer etwas suspekt. Nun schreckte es Hikito durch einen spitzen Schrei aus seinen Gedanken, indem es auf etwas in seinem Einkaufwagen zeigt: „Sie mal, zufällig mögen wir beide dieselben Cornflakes!" Jetzt war es Hikito zuviel und es greift auf Worte Voltaires zurück um Omombo klarzumachen, dass Zufall ein Wort ohne Sinn sei, denn nichts kann ohne Ursache existieren. Außerdem seien es sicher nicht dieselben Cornflakes, weil das ja wohl unhygienisch wäre, denn dazu müsse Om-

ombo sie ausspucken und Hikito sie danach essen, nur dann wären es dieselben. Das hier wären lediglich die gleichen Flakes. Hikito rief damit nur einen neuen Kicheranfall von Omombo hervor, das lachend meinte „Ist doch egal, ob es dieselben oder die Gleichen sind, auf jeden Fall weißt du, was ich gemeint habe!“ Hikito sah das absolut nicht so, schaute aber, dass es bald zur Kasse kam, um den Zeitverlust, der durch dieses ungeplante Treffen eintrat, wieder auszugleichen. Es verabschiedete sich höflich von Omombo und ging seines Weges.

In Hikitos Kopf kreisten auf dem Heimweg vom Supermarkt viele Gedanken. Es ärgerte sich, weil es Omombo nicht mit Friedrich Nietzsches Aussage, dass „Sieger nie an Zufall glauben“, überzeugt hatte, das wäre sicher besser gewesen – oder doch nicht? Hikito war sich wieder einmal unschlüssig, wie so oft in seinem Leben. Hikito mochte es nicht, auszuwählen, denn das forderte eine Entscheidung und mit solchen tat sich Hikito einfach schwer. Besonders nachdem es sie getroffen hatte, grübelte es noch lange, ob diese Entscheidung auch wirklich die 100%ig richtige war.

Geistchen wie Hikito, weisen ein überdurchschnittlich großes Sicherheitsbedürfnis auf. Dieses resultiert meist aus einer Angst vor Risiko, vor Veränderung und vor Vergänglichkeit. So ist alles Spontane, Neue, Unberechenbare etwas, das vermieden wird. Hikito möchte einfach, dass alles so bleibt, wie es ist. So wird z.B. sein Gedanke, eine andere Sorte Cornflakes auszuprobieren, schnell wieder verworfen, weil alleine die Vorstellung, sich zu entscheiden, welche er wählen sollte, Hikito unter Anspannung versetzt. Nicht, dass Sie jetzt denken, Hikito sind diese Flakes zu fade geworden – das ist es ganz und gar nicht. Jedoch geht seine Überlegung dahin, dass es mit einem möglichen Wechsel, auch eine neuerliche Supermarktunterhaltung mit Omombo verhindern könnte. Hikito mag es auch nicht, wenn sich jemand so oberflächlich, laut und theatralisch verhält wie Omombo.

Schon in der Schulzeit hat Hikito so manche Erdgeistchenkinder nicht verstanden und daran hat sich bis heute nichts geändert.

Hikito neigte damals, wie heute dazu andere Erdgeistchen von seinem Weltbild, seinen Einstellungen, Regeln und Werten zu überzeugen und würde alle gerne so haben, wie es selbst ist. Hikito liebt Struktur und Ordnung. Beginnt es eine Arbeit, so wird diese genau und verantwortungsbewusst durchgeführt. Nimmt sich Hikito vor, den Mülleimer am Abend runter zu tragen, so wird das bei ihm nie auf den nächsten Tag in der Früh verschoben, auch wenn es da ohnedies beim Müllraum vorbeigeht. Hikito stellt sehr hohe Ansprüche an sich selbst. Manche andere Geistchen sagen über Hikito, dass es ein Gewohnheitsgeistchen sei und dazu neige, sich selbst einzuengen sowie es auch stur sei und zur Prinzipienreiterei neige. Hikito tut das damit ab, dass die, die so etwas behaupten, einfach zu leichtfertig und verantwortungsscheu seien und sicher noch erkennen würden, dass es wichtig ist, sich an Regeln zu halten.

Die ArbeitgeberInnen von Hikito schätzen seine Genauigkeit. Geistchen und auch Menschen die einen ähnlichen Persönlichkeitsstil wie Hikito aufweisen, sind sehr gewissenhaft, kostenbewusst und widmen sich zielstrebig, voller Inbrunst der Aufgabe, die sie gerade durchführen. Ihr Motto ist „Zuerst die Arbeit und dann das Vergnügen". Nie würden sie Arbeit liegen lassen, da sie den Spruch „was du heute kannst besorgen, das verschiebe nicht auf morgen" verinnerlicht haben. Das kann jedoch auch dazu führen, dass sie sich zuviel Arbeit aufladen, dadurch sehr viele Überstunden machen und manche von ihnen zu Workaholics werden. Viele definieren sich so auch über ihre Arbeit und möchten diese unter keinen Umständen missen oder gar verlieren.

Sein Freundeskreis mag Hikito mit all seinen Schrullen. Hikito kommt zu Verabredungen immer pünktlich und auch seine Planungsfähigkeit und sein Organisationstalent werden sehr geschätzt. Durch seine Zielstrebigkeit und sein Durchhaltevermögen motiviert Hikito Geistchen-

freundInnen, wenn diese verzagt oder frustriert sind und bei Problemen zu schnell aufgeben möchten. Zwar wirkt Hikito auf den ersten Blick sehr kühl und zurückhaltend, aber seine FreundInnen wissen schon, wie man es ein wenig aus der Reserve locken kann.

Da sich Hikito mit Gefühlsäußerung nicht gerade leicht tut, ist es auch kein romantisches Geistchen, allerdings ist es ein sehr zuverlässiges und treues. PartnerInnen von Hikito verzweifelten zwar daran, wenn sie ihm in seiner Wohnung helfen wollten, aber unterließen sie das und arrangierten sich mit Hikito, klappte ein Zusammensein recht gut. Hikito schmunzelte hin und wieder sogar selbst darüber, dass es ihm einfach unmöglich war zuzusehen, wenn jemand anderer als es selbst, den Geschirrspüler einräumen wollte. Es hatte sein System und seine Ordnung und nur so wurde das Geschirr auch wirklich sauber.

Hikitos Liebe zum Sammeln stieß allerdings auch schon oft auf Unverständnis bei PartnerInnen und seinem Freundeskreis. So hörte es oft, dass gegen Sammeln ja grundsätzlich nichts einzuwenden sei, jedoch sehr wohl dagegen, fast nichts wegwerfen zu können, nur weil man es vielleicht irgendwann mal brauchen könnte. Und recht hat Hikito, denn wie oft konnte es schon Schrauben, Dosen oder Blumentöpfe brauchen, die es aufgehoben hatte. Jene ErdgeistchenfreundInnen, die sich am lautesten über seine Sammelleidenschaft mokieren, sind dann meist diejenigen die jammern, dass sie ein bestimmtes Teil brauchen. So hatten auch beide etwas davon: Hikito freute sich, dass es recht hatte und etwas Sinnvolles tun konnte. Die FreundInnen waren sehr froh etwas gewissenhaft repariert zu bekommen oder nicht meilenweit um einen Blumentopf fahren zu müssen.

Hikito dachte oft darüber nach, woher seine Genauigkeit kommt. Seine Großeltern meinten, es sei schon als kleines Kind ein sehr ordentliches Geistchen gewesen und habe Spielsachen immer weggeräumt und Dinge gerne geordnet. Hikito hat im Wissenschaftsteil einer Zeitung gelesen, dass, wenn man in seiner Kindheit und Jugend vorgelebt bekam, dass „Ordnung das ganze Leben sei“, man diese Einstellung auch übernehme. Eine weitere Annahme geht in die Richtung, dass eine rigide, strenge und fordernde Erziehung solches Verhalten hervorbringt, indem als Regel vermittelt wird „Wenn du dich genau an das hältst, was wir dir vorgeben und du unsere Erwartungen erfüllst, dann bekommst du auch Anerkennung und wir kontrollieren dich relativ wenig. Aber wehe, wenn du dich nicht an unsere Regeln hältst, wehe wenn du rebellierst!“. Über unsichere Annahmen der Wissenschaft möchte Hikito nicht weiter nachdenken, erst wenn es eindeutige Fakten gibt, wird es sich wieder mit solchen Überlegungen auseinandersetzen.

Hikito mag es, wenn man seinen Sinn für Ordnung und seine Korrektheit zu schätzen weiß. Es fühlt sich wohl, wenn es planen und organisieren kann und ihm niemand dabei dreinredet. Das wissen die meisten ArbeitskollegInnen und FreundInnen auch und halten sich daran, was für beide Seiten von Vorteil ist.

Erdgeistchen, die mit Hikito gut auskommen wollen, sollten pünktlich sein oder bei Verspätungen auf jeden Fall Bescheid geben. Ganz wichtig ist für Hikito, dass Versprechen nicht nur gegeben, sondern auch eingehalten werden. Wenn jemand Kritik äußert, sollte diese konkret sein und auf Fakten beruhen. Diese Forderung ist aber nicht nur ein Spleen von Hikito, sondern Kritik sollte prinzipiell in dieser Form formuliert werden, egal an wen sie herangetragen wird.

Hikito wird aber auch gerne zum Entspannen und Erholen motiviert. Das Gefühl von Wohlbefinden wird dann in ihm wach, wenn sein Freundeskreis oder seine PartnerInnen im rückversichern, wie wichtig Entspannen ist und ihm auch gleich einen konkreten Vorschlag machen. Einer reicht vollkommen, denn sonst muss sich Hikito wieder entscheiden.

Wer Hikito hingegen mit ironischen Bemerkungen über sein korrektes und eben nicht sehr lockeres Verhalten brüskiert, dem wird dieses Geistchen nicht wohl gesonnen sein. Mit liebevollem Humor kann man

Hikito sehr wohl begegnen, dazu braucht es aber Feingefühl und das hat nicht jedes Erdgeistchen und schon gar nicht jeder Mensch.

Jedoch ist Vorsicht geboten, denn auch ein Zuviel an Lob, Zuwendung oder Unterstützung können Wesen wie Hikito in Verlegenheit bringen, zumal Symmetrie ein Grundsatz von ihnen ist. Symmetrie bedeutet hier sprichwörtlich: Was du bekommst, musst du auch zurückgeben. Damit fühlt sich ein Wesen wie Hikito unter Druck gesetzt und es ist ihm egal, ob es sein Gegenüber auch so sieht – für Hikito ist es nun mal so.

Wesen, die Hikito ähnlich sind, werden oft von Seelenegelgedanken heimgesucht. Wenn Sie das Kapitel über Angakanga gelesen haben, wissen Sie, dass dies Gedanken sind, die man häufig denkt ohne es zu wollen, also automatische Gedanken, die sich festsaugen wie ein Blutegel. Sie saugen jedoch kein Blut, sondern Energie.

Solch energiesaugende Gedanken können z.B. sein:

- Ich muss alle meine Aufgaben perfekt erledigen.
- Nur wenn ich es selbst mache, habe ich die Sicherheit, dass es in Ordnung ist.
- Ich sollte das nochmals kontrollieren, damit ich auch ganz sicher sein kann, dass es korrekt ist.
- War meine Entscheidung nun wirklich richtig?
- Ist dieses Gefühl, das ich habe, richtig?
- Ich sollte etwas Sinnvolles tun, statt meine Zeit mit Sinnlosem zu verschwenden.
- Wesen, die sich nicht an Regeln halten, sollten bestraft werden.
- Dieses Teil sollte ich unbedingt aufheben, das kann ich sicher einmal brauchen.
- Ich darf nichts vergessen.

Sollte, muss, Gebote, Verbote und Kontrolle – all das ist auf Dauer und in hoher Intensität anstrengend und kann Lust, Freude und Leichtigkeit zunichte machen. All diese Dinge haben aber auch Vorteile – wenn sie in angemessener Intensität auftreten.

Sollten Sie nun der Ansicht sein, dass solche Gedanken viel, viel häufiger gedacht werden sollten, könnte es sein, dass Sie gerade viel mit pubertierenden Wesen zu tun haben?! In einem solchen Fall, ist der Wunsch nach ein „bisschen mehr Hikito" sehr gut nachvollziehbar. Auch manchem Erwachsenen würden Einstellungen und Verhaltensweisen von Hikito nicht schaden – aber alle frommen Wünsche helfen nicht wirklich. Erdgeistchen, wie Menschen können nicht verändert werden, sie können nur selbst Veränderungen herbeiführen.

Omombo

Omombo Omombo O mombo Omombo Omombo Omombo Omombo Omombo

Omombo

Omombo **Omombo** Omombo **Omombo** Omombo

Omombo **Omombo** Omombo **Omombo**

Omombo ist Emotion pur. Dieses Erdgeistchen hat die Fähigkeit, Aufmerksamkeit auf sich zu ziehen und steht somit sehr oft im Mittelpunkt. Omombo schafft sich eine Bühne des Lebens und inszeniert sich dort mit großem Geschick selbst.

Es ist stark auf seine Wirkung bedacht und mag Effekte. Omombo tritt nicht einfach in einen Raum ein, es erscheint: Sein Äußeres ist schillernd und exzentrisch, seine Stimme und Sprache sind ausdrucksstark, sein Gesichtsausdruck und seine Gestik ausladend bis dramatisch. Niemand könnte es übersehen, es ist umhüllt mit einem Flair von Großartigkeit.

Omombo hat eine durchwegs positive Lebenseinstellung. Es strahlt Charme aus und kann andere Menschen für sich einnehmen und auch mit seiner Begeisterung mitreißen. Omombo begeistert sich sehr rasch für etwas, verliert aber dann bald wieder das Interesse. Es verliert jedoch nie das Interesse an Spaß, Aktivitäten und sensationellen Dingen. Es ist ein Geistchen der exzessiven Steigerungsform: Wenn es von Erlebnissen und Begebenheiten berichtet dann sind diese immer „wahnsinnig toll", „völlig schrecklich" oder „absolut nicht auszuhalten". Es schwelgt in Superlativen und Extremen: wunderbar und schrecklich, schwarz und weiß, gut und böse. Da Emotionen so stark empfunden werden, schwemmen diese mit einer Flutwelle Logik und Einzelheiten weg. Die Spuren die diese Flutwelle hinterlässt, sind dann oft leicht verzerrte, unvollständige und lückenhafte Annahmen. Auch die Stimmung kann bei Omombo sehr rasch wechseln, von himmelhochjauchzend zu zutode-betrübt. Wesen wie Omombo reagieren stets heftig und unmittelbar und ziehen aus Geschehnissen extreme Schlussfolgerungen.

Wenn Sie noch Omombos Begegnung mit Hikito im Supermarkt in Erinnerung haben, wissen Sie, dass Omombo hocherfreut war, Hikito zu treffen. Was Sie nicht wissen ist, dass Minuten davor, Omombo ein ganz katastrophales Erlebnis auf dem Parkplatz durchmachen musste: Es war

mit seinem Auto, welches es in den USA gekauft und nach Österreich überstellen ließ und hier erst das Zulassungsverfahren in Gang setzen musste (Omombo schildert dieses Unterfangen immer als fürchterlich anstrengend und so extrem schwierig, dass es keinem Menschen auf der Welt raten würde, so etwas zu tun) in die Parkgarage gefahren. Beim Ziehen des Tickets am Parkhausschranken habe es schrecklicherweise das Telefon abheben müssen, da es einen extrem wichtigen Anruf aus Australien bekam und weil es von der AnruferIn unheimlich abgelenkt wurde, war ganz plötzlich das Einfahrtsticket verschwunden. Nach Omombos Schilderung musste es dann bei der Ticketsuche fast das gesamte Auto zerlegen und dann noch das riesengroße Parkdeck in allen Winkeln absuchen. Als Omombo dann, ohne das Ticket gefunden zu haben, todunglücklich und in Tränen aufgelöst zur Information eilte, hatte das Wächterwesen dort absolut kein Verständnis und meinte, da sei nichts zu machen, es müsse eben diese (laut Omombo extrem elendshohe) Gebühr bezahlen, die bei Ticketverlust in der Parkordnung angeführt ist. Daraufhin wurde Omombo so wütend, dass es aufstampfte und laut kreischte, wie unmenschlich bzw. ungeistlich dieses Parkaufsichtswesen sei, ihm, dem armen Opfer der Technik so etwas Schreckliches anzutun. In Folge stürmte Omombo hocherhobenen Kopfes wütend hinweg zum Lift, um dann unmittelbar danach auf Hikito zu treffen und es hocherfreut zu begrüßen.

Diese Sprunghaftigkeit findet man bei Wesen, wie Omombo, häufig. So wohnen „ach zwei Geister in seiner Brust", welche man auch als Verhaltensstrategien bezeichnen kann.

Auf der einen Seite beeindruckt es mit gutem Aussehen, verführerischem Verhalten, anregendem Kommunikationsstil, StimmungsmacherIn zu sein und auf die Bedürfnisse anderer einzugehen, also ein „Wesen von Welt" zu sein.

Ebenso beeindruckend sind aber Szenen, in denen ausgeprägte Hilflosigkeit zum Ausdruck kommt sowie das Bedürfnis umsorgt zu werden, keine Belastungen auszuhalten, nicht alleine sein zu können – kurzum ein „armes Schwein zu sein", das alle Fürsorge und Zuwendung dieser Welt braucht.

So manche Mitgeistchen fühlen sich von Omombo manipuliert und wenden sich ab, weil ihnen die Alltagstheatralik und die Emotionsexplosionen zu viel werden. Es selbst sieht das jedoch nicht so. Es nimmt sich selbst als umgänglich, freundlich und liebenswürdig wahr und empfindet keine seiner Verhaltensweisen als störend.

Bis zu einem gewissen Punkt hat Omombo auch recht, denn wie ein Verhalten wahrgenommen wird, hängt u.a. auch vom Kulturkreis ab. So würde Omombos Persönlichkeitsstil in südlichen Regionen, wie Italien oder Griechenland als weniger auffällig wahrgenommen, als z.B. in Schweden. Omombo selbst ist im Waldviertel ansässig und hier zählt sein Stil nicht unbedingt zur Norm der Waldviertler Mentalität. Hier ist Omombo schon etwas Besonderes – und genau das mag Omombo auch so sehr.

Es mag Ihnen schon aufgefallen sein, dass Omombo anerkannt und ernst genommen werden will sowie Aufmerksamkeit und Zuwendung erhalten möchte. Sein Verhalten ist jedoch nicht eindeutig eben diesem Ziel zuträglich. Omombos Augenmerk ist darauf gerichtet, Bestätigung von außen zu erhalten, wodurch auch die Aufmerksamkeit auf Begebenheiten rund um es selbst gerichtet ist. Dadurch bleibt kaum Achtsamkeit mehr für das eigene Innenleben, mit seinem Denken und Fühlen, übrig. Auch das Bewusstsein ein eigenständiges Individuum zu sein, kann beeinträchtigt sein, wenn man sich immer nur über die Verbindung zu anderen definiert. Zwar geben sich Wesen wie Omombo exzentrisch und besonders, in ihrem tiefsten Inneren herrscht jedoch ein Mangel an Individualitätsbewusstsein. Aus dem Versuch diesen Mangel auszugleichen, ihn zu kompensieren, resultiert so manche an Omombo zu beobachtende Verhaltensweise.

Ist jemand nicht in der Lage, sein eigenes Fühlen und Handeln in den jeweiligen Einzelheiten und Facetten zu betrachten, wird es schwierig, einen halbwegs realistischen Eindruck von sich selbst zu bekommen

Es gibt die wissenschaftliche Annahme, dass Omombo von frühem Kindesalter an eher für sein liebreizendes Wesen, sein hübsches Aussehen und seine charmante Art, Aufmerksamkeit und Zuwendung erhielt. Jedoch das Zeigen von Kompetenz, das Bemühen um Problemlösungen, Handlungsplanungen oder systematisches Denken keine Aufmerksamkeit fanden und nicht belohnt wurden. Ebenso wurde Omombo vermutlich in früher Kindheit dazu angeleitet, Situationen die zwischenmenschlich beängstigend oder bedrohlich waren, mithilfe seines Erscheinungsbildes und indem er bestimmte Rollen einnahm zum Guten zu wenden. So lernte Omombo, sich auf seine Rolle und den Auftritt vor seinem Publikum zu konzentrieren. Mit Problemlösevorgängen und Handlungsplanungen fühlen sich diese Geistchen jedoch in ihrem Erwachsenenleben überfordert und in Folge dessen hilflos und dumm. Genau so wahrgenommen zu werden möchte es jedoch verhindern, daher greift es auf jene Verhaltensweisen zurück, die ihm vertraut sind – wodurch ein Teufelskreis entsteht.

Unter Umständen könnte es jedoch durchaus Probleme lösen und Handlungen planen, es traut sich das nur nicht zu oder weiß auch gar nicht, dass es über derartige Fähigkeiten verfügt. Woher auch, wenn es diese noch kaum eingesetzt hat.

So tut man gut daran, im Umgang mit Wesen wie Omombo, diese dann zu bestärken wenn sie sich „normal" verhalten. Wenn man z.B. Ideen aufgreift, die ein solches Wesen hat und konkret auf diese eingeht. Hin und wieder sollte man ihnen schon ihre Bühne und die exzellente Selbstdarstellung zugestehen, aber nicht im Übermaß, sondern indem man in einer wertschätzenden Art eine klare Grenze in Bezug auf die von den Omombos der Menschen- und Erdgeistchenwelt angewandte Dramaturgie setzt.

Es wäre nicht fair, sich über Omombo lustig zu machen, nur weil sein Verhalten ein aufgebauschtes, flaumfederleichtes und nicht ernstes, respekteinflößendes ist. Omombo hat ebenso das Recht auf Respekt, wie Sardono, wenn dieses mit ernster Miene auf Gesetz und Ordnung pochend Verdächtiges zwischen den Zeilen sucht.

Gewisse Züge von Omombos Persönlichkeitsstil sind oft sehr hilfreich und in bestimmten Berufsfeldern sogar unverzichtbar. So wäre Wesen, die sich verpflichtet fühlen, immer ehrlich und offen zu sein, ein wenig Dramatik und Schauspiel oft von großem Nutzen. Wird man z.B. von Vorgesetzten oder KollegInnen regelmäßig gefragt, ob man Zeit für diese oder jene Arbeit (zusätzlich zur bisher vorhandenen) habe, kann ein braves „Ja" auf lange Sicht zu Frust und Überbelastung führen. Ein leidend, theatralisches „Ich habe noch soooooo viel zu tun. Ist das denn wirklich sooooooo dringend. Ich kann aber wirklich nicht versprechen, ob ich das dann noch fertig bekomme." kann einen Aufschub oder gar eine Abwendung der herangetragenen Forderung erwirken. Denn wenn man immer sagt, man habe Zeit, hinterlässt das doch auch den Eindruck, dass man zu wenig zu tun habe.

SchauspielerInnen, SängerInnen, PolitikerInnen, RechtsanwältInnen oder FernsehmoderatorInnen ziehen berufsmäßig die Aufmerksamkeit von Menschen auf sich. Sie müssen sich in Szene setzen, schillern, faszinieren, glänzen, brillieren und die Gefühle des Publikums aufwühlen. Was wäre das Drama „Vom Winde verweht" oder eine Theateraufführung, eine Oper, ein Klassiker wie „Ein Käfig voller Narren" oder die bei vielen beliebte Fernsehserie „Desperate Housewifes" ohne Wesen wie Omombo?

Ozillo

Ozillo

lo Ozillo Ozillo Ozillo Ozillo Ozillo Ozillo Ozillo Ozillo Ozillo Ozillo Ozillo Ozillo Ozillo Ozillo Ozillo

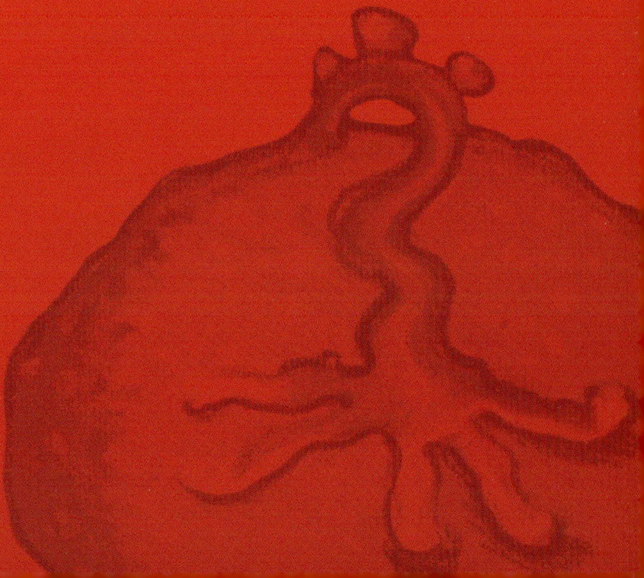

Ozillo denkt viel nach – bisweilen könnte man auch behaupten, es grüble. Omombo beschreibt Ozillos Nachdenklichkeit mit dramatischen Worten: „Ozillos Denkvorgang beginnt als Frühlinglüftchen, schwirrt sich dann wie eine Windhose hinauf in den Himmel, dort wird ein Denkorkan entfacht, der dann als Hurrikan über uns hinwegfegt und keinen Stein unangedacht auf dem anderen lässt“. An dieser blumigen Beschreibung erkennt man auch, dass Ozillo Gefahren gut erkennen kann und daher eher vorsichtig in die Zukunft blickt. Ozillo war ganz bestürzt, als es diese Beschreibung hörte, da es dachte, Omombo meine, es hätte Schuld an einer Katastrophe. Omombo brauchte eine Weile um Ozillo glaubhaft zu versichern, dass es damit nur den Dominoeffekt seines unaufhörlichen Nachdenkens beschreiben wollte. Ozillo seufzte erleichtert und meinte schmunzelnd, dass es ja eigentlich klar ist, dass es für ein Unwetter nicht verantwortlich sei, jedoch einfach nicht anders könne, als Schuld erst einmal sofort bei sich selbst zu fühlen, sogar bei solchen Ereignissen. Dies führt auch dazu, dass Ozillo recht oft bedrückt ist und nachdenkt, ob es das eine oder das andere, das so in der Welt an Unerfreulichem geschieht, mit verursacht haben könnte.

Es ist ein einfühlsames, beschauliches Geistchen, das stets ein offenes Ohr für seine Mitgeistchen zur Verfügung stellt und den Ruf hat, dass es sehr hilfsbereit und fürsorglich ist. Ozillo stellt meist die eigenen Bedürfnisse hinter die der anderen und strampelt sich für seine FreundInnen, KollegInnen und andere Wesen ab, weil ihm diese sehr, sehr wichtig sind. Sehr oft sind sie ihm sogar wichtiger, als es sich selbst ist!

Beobachtet man Ozillo, stellt sich bald die Frage, ob sich dieses Erdgeistchen überhaupt als individuelles Wesen wahrnimmt. Denn es kommt der Verdacht auf, dass es geradezu Angst hat, ein einzigartiges, besonderes Wesen zu sein. Vielleicht hat es Angst, dann von anderen nicht mehr gemocht zu werden, wenn es seine eigenen Wünsche, Bedürfnisse und seine Selbstständigkeit einfordern oder ausleben würde? Ozillo sieht das seinerseits jedoch ganz anders, es hofft, dass seine Wünsche und Erwar-

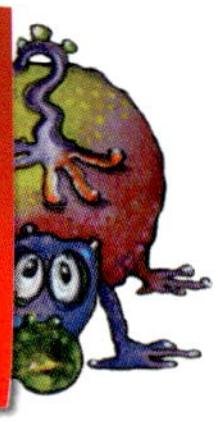

tungen irgendwann einmal, von den anderen erfüllt werden, sozusagen als Dankeschön für seinen Einsatz und für seine Bescheidenheit. Man muss nicht immer fordern meint Ozillo und ist der Ansicht, dass man nicht alles haben kann, was man gerne haben möchte. Außerdem sei es doch oft so, dass, wenn man sich über etwas freue, es schnell wieder vorbei sein kann und deshalb ist es besser, sich eher vorsichtig zu freuen. Somit seien zu viele Momente der Freude gar nicht so gut, da dann danach ja wieder etwas Unerfreuliches kommen kann. Also wozu soll es seine Bedürfnisse und Wünsche ausleben, wenn dadurch die Kluft zwischen Erfreulichem und Unerfreulichen größer wird?! Erwartet es nichts oder eher etwas Unerfreuliches, so könne es auch nicht enttäuscht werden.

Nicht, dass der Eindruck entsteht, Ozillo sei nie glücklich, dem ist ganz sicher nicht so. Wenn Ozillo glücklich ist, dann ist es diesem Glück gegenüber allerdings sehr skeptisch. So kam es, dass Ozillo, nach vielen Jahren in einer sehr kleinen, dunklen Erdgeistchenhöhle, in ein neues, helles Heim siedelte, das ganz seinen Vorstellungen entsprach. Zu dieser Zeit hat es auch mit einem guten Job begonnen, pflegte netten Kontakt mit seinem Freundeskreis und hatte auch gesundheitlich keine Probleme. Kurzum: Alles lief bestens. Was dachte Ozillo? „Das ist unheimlich, es geht mir zu gut, das bleibt sicher nicht lange so. Ich war eigentlich schon lange nicht krank. Sicher wird mich bald eine Grippe erwischen! So wie im Schiurlaub vor zwei Jahren!"

Ozillos Denkweise hat auch einen Vorteil, denn so kann man kann nie negativ überrascht werden, da man das Schlimmste gedanklich schon vorweg nimmt. Optimal wäre es jedoch, beide Varianten in seinen Denkstil zu integrieren, also eine „positiv-pessimistische" Denkstrategie anzuwenden. Wesen wie Ozillo müssen dabei üben, parallel zu negativen Aussichten, auch eine „im-besten-Fall"-Variante durchzudenken. Einfach nur ganz unverbindlich, ohne die Verpflichtung, daran zu glauben, dass das Positive tatsächlich eintreten könnte. Das soll nur als Übung gemacht werden, um herauszufinden, ob ein solches Denken überhaupt funktioniert.

Wesen, die hingegen völlig unbedarft und mit der „rosa Brille" durchs Leben wandeln, täten hin und wieder gut daran, eine „Wenns-nicht-so-gut-läuft"-Inszenierung anzudenken. Ihre „im-Schlimmsten-Fall"-Variante wird von jener Ozillos immer noch weit entfernt sein, aber es kann dabei helfen, nicht so oft mit „dem Näschen wo anzurennen".

Ozillo kann diesen besagten Schi-Urlaub einfach nicht vergessen. So viel ist da schief gelaufen. Nicht nur, dass Ozillo ein gemächlich fahrendes Geistchen ist und so den anderen immer hinterher hetzte, aber kein Wort sagte, weil es ihnen ja nicht den Spaß verderben wollte (sich selbst hat es sehr wohl die Freude am Schifahren genommen), so wurde es, als es einen Tag pausierte noch gebeten, an diesem Tag, doch mit dem Kind von Irli ein bisschen auf dem Zwergerlhang „Schistapfen" zu üben. Natürlich sagte Ozillo nicht nein, es wollte Irli und das Erdgeistchenkind nicht kränken. Ozillo sagte sich, es sei ja so auch eine Art von Erholung und das Kind sei ja auch sehr lieb, also warum nicht?! Was Ozillo nicht bedachte war, dass es sich beim Hinterherhetzen überanstrengt hatte und bereits begann, leichte Grippesymptome zu zeigen und sich mies zu fühlen. Trotzdem stapfte Ozillo mit dem Kind den Zwergerlhang so lange hinauf und wieder hinunter, bis das Kind müde war und zu jammern begann. Da das Kind jammerte, kamen bei Ozillo sofort Schuldgefühle hervor und schlängelten sich um seine Seele, ob er das Kind vielleicht überfordert haben könnte. Dieses hatte lediglich Hunger, aber Ozillo bekam mittlerweile Fieber und fühlte sich bereits ganz, ganz mies. Den Rest des Schiurlaubs verbrachte Ozillo im Bett und kurierte unter Schuldgefühlen, den anderen zur Last zu fallen, seine Grippe aus. Ozillo hat auch ohne Grippe oft das Bedürfnis, viel zu schlafen, aber nicht immer kommt es zu einem tiefen und erholsamen Schlaf.

Wesen die Ozillo ähnlich sind, leiden auch öfters unter Einschlafstörungen, zerhacktem Schlaf, schweren Träumen, Kopfdruck, Schwindel-

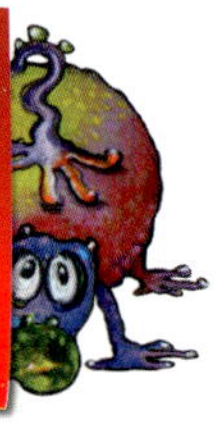

gefühlen, Beklemmungen, Mattigkeit, Herzrasen oder auch manchmal Herzstolpern oder Herzstechen, Magen- und Darmproblemen oder einer Beeinträchtigung des Bewegungsapparates.

Ozillo ist jedoch kein hypochondrisches Geistchen, es ist nur ein sehr sensitives Wesen, welches das Leid mit seinem Rüssel regelrecht ansaugt und das die eigenen Gefühle körperlich stark wahrnimmt, sich jedoch an harte Lebensbedingungen sehr gut – fast zu gut – anpassen kann.

Etwas, das Ozillo nicht gut kann, ist Ärger in Worten auszudrücken. Seine Erdgeistchenhaut wechselt zwar dann die Farbe und schimmert in allen Regenbogenschattierungen, was jedoch von seiner Umwelt weder bewundert, noch als Ärger wahrgenommen wird. Auch wenn sich Ozillo auf den Kopf stellt und versucht, seinen Ärger auszupusten, so entweicht seinem Rüssel nur ein leises Jammern, Klagen oder Lamentieren. Das sind nicht gerade Dinge, die Wehrhaftigkeit oder Ärger ausdrücken.

Was mit dazu beiträgt, dass sich Ozillo selbst als schwach wahrnimmt, die Welt als hart und ungerecht empfindet, ist die Angst vor Wirrnissen der Vergangenheit, die immer wieder zu lodern beginnt.

Das lebenserfahrene und weise Erdgeistchen Barontecka hat diese Sicht der Dinge als „Kognitive Triade" bezeichnet, das heißt, dass ein Wesen dazu tendiert, sich selbst, seine Umwelt und seine Zukunft negativ zu sehen.

Das negative Selbstbild

Ein Wesen mit einem negativen Selbstbild beurteilt sich als fehlerhaft, schwach, unzulänglich oder benachteiligt. Es neigt dazu, all seine unangenehmen Erfahrungen einem psychischen oder körperlichen Mangel seiner selbst zuzuschreiben und hält sich wegen seiner angeblichen Mängel für wertlos. Oder aber es stellt einen extrem hohen Leistungsanspruch an sich selbst und setzt seine Wertmaßstäbe unrealistisch hoch und beurteilt so das eigene Verhalten als unzureichend oder moralisch verwerflich. Daraus folgt eine stetige Selbstunterschätzung und überzogene Selbstkritik.

Negative Sicht der Umwelt

Ein Wesen das eine negative Sicht der Umwelt hat, erlebt die Welt so, als würde sie ihm außerordentlich viel abverlangen und bei der Verwirklichung seiner Lebensziele unüberwindbare Hindernisse in den Weg legen. Durch diese ständige negative Interpretation werden die vorausgesagten negativen Folgerungen scheinbar immer wieder bestätigt.

Negative Zukunftserwartungen

Ein Wesen mit eher negativen Zukunftserwartungen nimmt bei längerfristigen Vorausplanungen an, dass momentane Schwierigkeiten und Leiden ewig weitergehen. Es erwartet daher Frustration, Benachteiligung und Fehlschläge.

Zu dieser Kognitiven Triade tragen folgende Vorgänge von Seelenegelgedanken ihren Teil bei:

Übergeneralisierung: Ein einzelnes negatives Ereignis wird als Zeichen einer unendlichen Serie von Misserfolgen und Missgeschicken gesehen.

- Selektive Wahrnehmung: Misserfolge werden bewusst wahrgenommen, positive Erlebnisse werden als selbstverständlich registriert und ausgeblendet.
- Katastrophisieren: Sich durch alle realistischen, aber auch durch alle nahezu unmöglichen Hürden, bis zum Allerschlimmsten durchzudenken, da genau das ja mit größter Wahrscheinlichkeit eintritt.
- Dichotomes Denken: Es gibt nur zwei Beurteilungskriterien, gut und schlecht oder farbenfroher ausgedrückt: dunkelblau und weiß – Pastelltöne sind von diesem Denken ausgeschlossen.

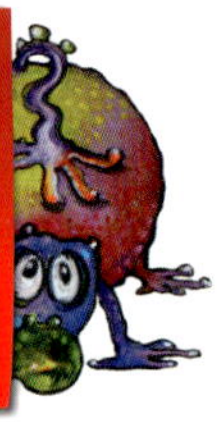

Solchen Gedankenverzerrungen kann man jedoch zu Leibe rücken und dazu hält man sich, wie Sie vielleicht schon zu Beginn bei Angakanga gelesen haben, an den Rat von Angakangas Großvater Bertalisell und versucht immer wieder, wie er es vorschlägt, mit den Seelenegelgedanken zu diskutieren und sie in Frage zu stellen.

Ozillo mag es auch, wenn es von seinen Mitgeistchen mit Nachfragen von dunkelblauen oder purpurroten Gedanken hin zu mittelblauen oder rosaroten geleitet wird. Es tut ihm dann gut zu erkennen, dass es sich selbst von der Welt der Pastelltöne überzeugt hat – auch wenn es weiterhin Sorge hat, es könnte jemand plötzlich einen Eimer dunkelbraun über alles leeren.

Wichtig ist auch, dass sich sein Umfeld nicht von diesen möglichen, nahenden dunklen Farbensturzbächen mitreißen lässt, sondern beharrlich bei der eigenen realistischen oder auch positiven Einstellung bleibt.

Wenn Ozillo hört und spürt, dass man es mag und wertschätzt, so fühlt es sich wohl. Wobei es Lob nur dann wirklich annehmen kann, wenn es auf bestimmte nachvollziehbare Situationen zutrifft. Bei generalisiertem Lob oder überschwänglicher Zuwendung wird Ozillo misstrauisch – und hier zum Teil zu recht, denn Kritik soll positiv, wie negativ immer konkret und faktenbezogen sein. Der Ausdruck von Zuwendung hingegen kann so bunt und vielfältig sein, wie es Schmetterlingsarten auf der Welt gibt.

Sardono

Sardono

ono Sardono **Sardono** Sardono **Sardono**

rdono Sardono **Sardono** Sardono **Sardono** Sardono **Sardono** Sardono **Sardono** Sardono Sardono

Sardono Sardono **Sardono** Sardono **Sardono** Sardono Sardono **Sardono** Sardono **Sardono** Sard

Sardono wird von seinen Mitgeistchen als engagiert, scharfsinnig und wachsam wahrgenommen. Es setzt sich gerne für wichtige Ideen ein und ist im Denken den anderen meist weit voraus. Dort wo andere noch unbeschwert einem Gedanken nachhängen, hat Sardono bereits alle möglichen Eventualitäten und Gefahren einer Sache analysiert. Dort wo sich Hikito noch in seiner Entscheidungsfindung suhlt, hat Sardono mit der Leichtigkeit eines Schmetterlingsflügelschlages seine Entscheidung bereits getroffen. Es verlässt sich auf seine Entscheidungen und hat nur sehr selten das Bedürfnis, andere Meinungen einholen zu müssen. Die eigenen Ansichten sind ihm sehr klar und es kann sich gut gegen Meinungen von anderen abgrenzen.

Sardono besitzt sehr feine Antennen, wodurch nichts seiner Aufmerksamkeit entgeht. Es beobachtet seine Umgebung und nimmt somit Feinheiten wahr, die so manchen Mitgeistchen entgehen. Da es oft sehr skeptisch und mitunter misstrauisch ist, hinterfragt es seine Beobachtungen und analysiert sie genau. Es kann dann schon auch mal passieren, dass es dabei die Situation als Ganzes aus den Augen verliert.

Sardono ist ein guter Zuhörer und ihm entgeht auch kein Unterton, wenn andere mit ihm oder miteinander reden. Meist fragt Sardono dann nach wenn es meint, etwas Verstecktes wahrgenommen zu haben, selten verlässt es sich nur auf seine Interpretation. Früher, als junges Erdgeistchen, hat es oft interpretiert und daraus wüste Annahmen abgeleitet, die ihm gar nicht gut taten. So hat es die Erfahrung gemacht, dass es sich damit nur unnötige Gedanken aufhalst und beim Interpretieren auch nicht immer richtig liegt. Seine ArbeitskollegInnen und sein Freundeskreis schätzen dieses aufmerksame Zuhören sehr. Schon oft hat Sardono ihnen Widersprüchlichkeiten, versteckte Motive oder zwischen den Zeilen Ruhendes aufgezeigt.

Sardonos Freundeskreis ist ein kleiner, sehr bewusst gewählter und gut gepflegter. Lernt es jemanden neu kennen, so ist Sardono sehr zurückhaltend, andere würden sogar sagen misstrauisch. Sein Vertrauen,

seinen Respekt und seine Zuneigung verdienen sich FreundInnen bei Sardono sehr hart. Böse Zungen behaupten, in Sardonos Freundeskreis aufgenommen zu werden, ist schwieriger als bei einer Castingshow eine Jury zu überzeugen. Würde Sardono das zu Ohren kommen, wäre es sehr gekränkt und würde sich vehement dagegen wehren, da es ein tiefsinniges, loyales Geistchen ist und mit der Oberflächlichkeit von Castings nichts gemeinsam haben möchte. Sardono reagiert, wie man sieht, empfindlich auf Kritik, kann sich jedoch gut gegen Angriffe wehren. Es sieht zwar etwas zu schnell einen Angriff in Aktionen seiner Mitgeistchen, aber es ist der Ansicht, lieber einmal zu viel verteidigt, als sich Böses antun zu lassen. Sardono beschützt aber nicht nur sich selbst gut, auch über Wesen, die ihm nahe stehen, lässt er keine üblen Worte kommen. Trotz seiner kühlen, distanzierten Art, hat er starke Gefühle für ihm wichtige Mitgeistchen. Ungerechtigkeiten sind Sardono ein Gräuel, es besteht auf Gesetz und Ordnung. Auch dann, wenn ihm fremde Geistchen betroffen sind, setzt er sich für diese ein. Sardono Jeanne d'Arc, wird es von seinem witzelnden Freundeskreis oft genannt. Das sieht Sardono fast als Kompliment, wenn man das grausame Ende dieser Berühmtheit nicht beachtet.

Sardono fühlt sich wohl, wenn er Situationen unter Kontrolle hat. Diese Verhaltensweise ist eine, die ihm immer wieder Probleme mit Mitgeistchen beschert hat. Auch seine PartnerInnen waren darüber nicht immer erfreut, da Kontrolle in der Partnerschaft eng mit Eifersucht verknüpft ist. Zu Beginn einer Beziehung mag es noch wie starkes Begehren erscheinen, aber ständige Kontrolle und „das Gras wachsen hören, wo betoniert ist", können bald ins Negative umschlagen und dann kann so ein Verhalten zu einem Beziehungsbruch beitragen.

Wird Sardono etwas gefragt, antwortet es oft mit Gegenfragen. Jedoch nicht, weil es in einem Kommunikationsseminar gelernt hat, dass Gegenfragen ein Vorteil sind, weil man sich so vor eigenen spontanen Antworten schützt, die man im Nachhinein bereut. Wie z.B. ein „Ja", auf die banale Frage „Haben Sie kurz Zeit?“, das sehr arbeitsintensive Folgen haben kann. Sardono wittert hinter Fragen prinzipiell Absichten. Entweder die Absicht etwas aus ihm herauszukitzeln, was es nicht preisgeben möchte oder die Absicht, etwas von ihm zu wollen, das es selbst nicht will. Einmal musste Sardono schon über sich selbst schmunzeln, als sein Vorgesetzter es fragte, ob es Topfenstrudel mag und Sardono skeptisch mit „Warum“ gegenfragte. Es waren viele Stücke von einer Konferenz übriggeblieben, die der Chef unter seinen MitarbeiterInnen verteilen wollte. Sardono hingegen hatte Sorge, es müsse vielleicht einen Strudel backen oder gar ein Referat über die Auswirkungen von Süßem auf die MitarbeiterInnenmotivation erstellen.

Geistchen wie Sardono fühlen sich auch oft ausgenutzt, benachteiligt oder absichtlich erniedrigt, sie sehen die Welt als tendenziell feindselig – daher kommt auch ihre Vorsicht. Unbedarfte, gutgläubige oder wenig wehrhafte Geistchen könnten sich jedoch von den Sardonos dieser Welt etwas abschauen und sich so etwas besser davor schützen, ausgenutzt oder benachteiligt zu werden. Was die eine zuviel hat, wäre für den anderen ein Geschenk. Da niemand das Verhalten eines anderen verändern kann, nur diese Person selbst, können solche Geschenke nie angenommen werden. Außerdem würde Sardono vermutlich nichts von seiner Vorsicht hergegeben. Es braucht sie, da es in der Welt, aus seiner Sicht, zahlreiche Schurken und Betrüger gibt und es daher immer auf der Hut sein muss.

Sardono beruft sich des Öfteren mit leichtem Sarkasmus auf Batman. Batman habe einfach deshalb so viel zu tun und es gebe immer wieder neue Folgen, weil die Welt eben voller böser Wesen sei. Seinen Alter Ego Batman brauche Bruce Wayne, weil diesen Verbrechern eben nicht mit der Gerechtigkeit der blinden Justitia zu Leibe gerückt werden könne.

Warum Sardono das Empfinden hat, seine persönlichen Grenzen so vehement verteidigen zu müssen, könnte daran liegen, dass es in seiner Lebensgeschichte die Erfahrung gemacht hat, dass diese Grenzen sehr massiv verletzt wurden. Solche Grenzverletzungen können durch ausge-

prägte Kontrolle, psychische und körperliche Bestrafungen und Abwertungen eines Kindes durch sein Bezugssystem stattfinden.

Sardono gibt jedoch nicht gerne etwas von sich preis und somit wird er uns über seine Lebensgeschichte auch im Unklaren lassen. Daher werde ich hier auch keine weiteren Mutmaßungen anstellen, sonst bestätige ich Sardono ja noch in seiner Annahme, dass er bevormundet, kontrolliert eingeschränkt oder reglementiert wird. Wenn Sardono über seine Lebensgeschichte sprechen will, so wird es das tun, wann und mit wem es will.

Sein Bedürfnis, respektiert zu werden, für fähig und kompetent gehalten zu werden und, dass auch seine liebenswerten Seiten gesehen werden, ist ein gerechtfertigtes und gesundes Bedürfnis.

Natürlich hat jedes Wesen die Verantwortung, auch etwas dafür zu tun. So kann ich mich nicht wie ein absoluter „Mistkerl“ verhalten und erwarten, als liebenswert, kompetent oder sympathisch gesehen zu werden. In der Zeit der Kindheit und Jugend trägt den Großteil der Verantwortung das Bezugssystem, aber schön langsam muss jedes Wesen auch Stück für Stück Eigenverantwortung übernehmen. Damit kann auch gemeint sein, eine schlimme Zeit aktiv zu bearbeiten, Abschied davon zu nehmen und so hinter sich zu lassen, dass sie nicht Macht über das zukünftige Leben hat.

Wesen die einen ähnlichen Persönlichkeitsstil wie Sardono pflegen, mögen es, wenn sie spüren, dass andere zu ihnen halten und auch für sie da sind. Unterstützung und Zuwendung zu spüren, tut ihnen gut. Auch, wenn durch Sardonos kühles, distanziertes Verhalten und sein allgemeines Misstrauen andere Signale gesendet werden.

Landeskulturen, wie gesellschaftliche Vorgaben, können das Empfinden, dass über die eigene Person hinter deren Rücken gesprochen wird, fördern. Je ländlicher der Raum, umso wichtiger wird das Normverhalten des Einzelnen, je städtischer die Umgebung, umso anonymer kann ein Wesen bleiben. Jedoch geht es nicht darum, ob über es gesprochen wird, sondern ob Sardono das stört oder es ihm egal ist.

So ist mir z.B. jene Zeit erinnerlich, in der ich in jungen Jahren in einer Kleinstadt in Niederösterreich in einem Haus mit nur drei Wohnungen lebte. Regelmäßig bekam ich von der einen Nachbarin zugetragen, dass die andere Nachbarin sich über meine zu selten geputzten Fenster beschwerte. Und nicht nur über die Fenster, wenn man bedenkt wo Schmutz und Staub sich überall niederlassen können! In der Großstadt, ist mir das bislang noch nicht passiert, was jedoch nicht bedeutet, dass meine Fenster häufiger geputzt sind oder meine Nachbarn nicht über mich reden – aber wer sieht schon den Dreck auf Fenstern im siebenten Stock!

Egal wie wachsam, misstrauisch und Grenzen setzend sich jemand verhält, das was andere über einen denken oder flüstern, kann man nicht verhindern. Dass mir damit jemand etwas Böses will, ist jedoch fraglich, denn es kann auch andere Gründe haben, warum Wesen so etwas tun, wie z.B.:

- Um von den eigenen Missständen abzulenken.
- Um seine Sensationsgier oder Neugier zu befriedigen.
- Um seine Neidgefühle zu besänftigen.
- Weil jemandem langweilig ist.
- Weil sich jemand selbst nicht mag.
- Aus Dummheit, gegen welche bis dato noch kein Kraut gewachsen ist.

Und schließlich könnte auch Sardono einmal versuchen die Möglichkeit, dass jemand etwas Gutes im Schilde führt, ein klitzekleinwenig anzudenken?!

Da, nach William Shakespeare der bessere Teil der Tapferkeit, die Vorsicht ist, hat eine solche im Leben durchaus Vorteile. Hier einige Beispiele: Z.B. in Berufsfeldern die mit Recht und Ordnung zu tun haben.

Wenn man seine Rechte (in einer Konfliktsituation) wahren möchte. Bei Risiko- und Problemanalysen sowie beim Abschluss diverser Verträge.

Sardono ist, wie bereits erwähnt, ein scharfsinniges und vieldenkendes Geistchen und hat sich mit allem Für und Wider von Misstrauen und Vorsicht auseinandergesetzt und hat für sich entschieden, in Zukunft weniger vorsichtig und misstrauisch sein zu wollen, stattdessen aber seine Weitsicht niemals zu verlieren.

Vorsicht ist jedoch für alle Unbedarften geboten, die Vorgesetzte haben, für die Selbstreflexion ein Fremdwort ist, deren Verhalten aber den Schluss nahelegt, dass sie einen Persönlichkeitsstil haben, der noch intensiver ausgeprägt ist, als Sardonos. Einem solchen vorgesetzten Wesen gegenüber verhält man sich am besten wie ein treuer Diener: unterwürfig und loyal. Sieht man sich DienerInnen in Film und Literatur genauer an, so sind viele von ihnen kluge und selbstbewusste Geschöpfe, die einfach über die Fähigkeit verfügen, Ignoranz oder Dummheit an sich abprallen zu lassen, nichts von Gemeinheiten oder Demütigungen persönlich zu nehmen und sich wann immer es geht, diskret über die Herrschaften zu amüsieren.

Makuko

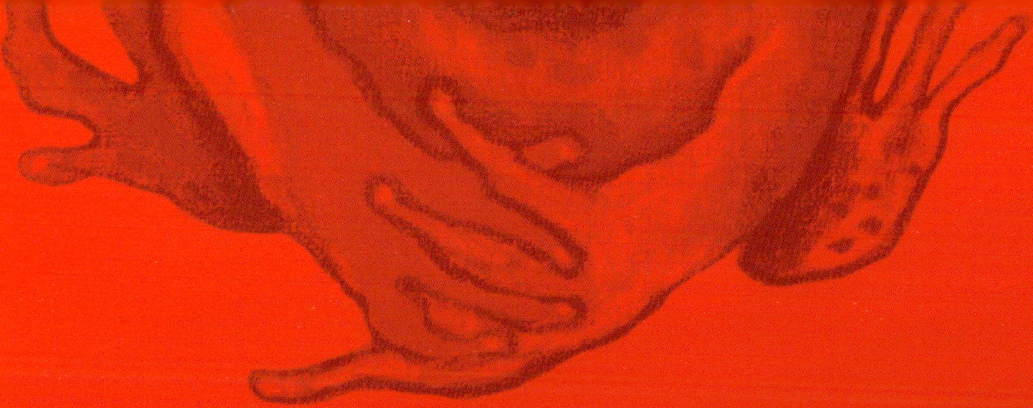

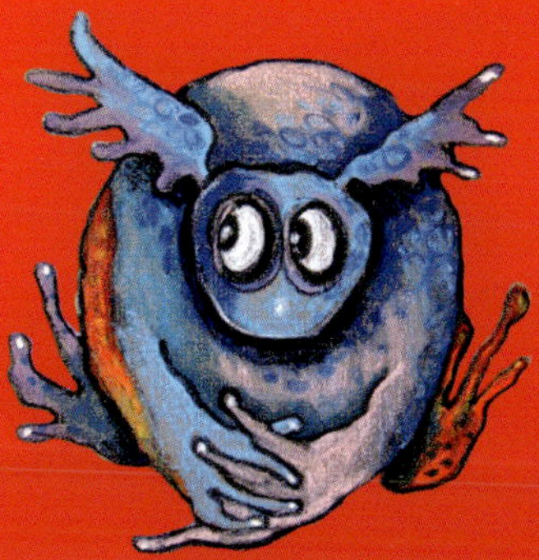

akuko **Makuko** Makuko

Makuko

Makuko **Makuko** Makuko

Makuko **Makuko** Makuko Makuko ***Makuko*** Makuko **Makuko** Makuko Makuko Makuko ***Makuko*** Mak

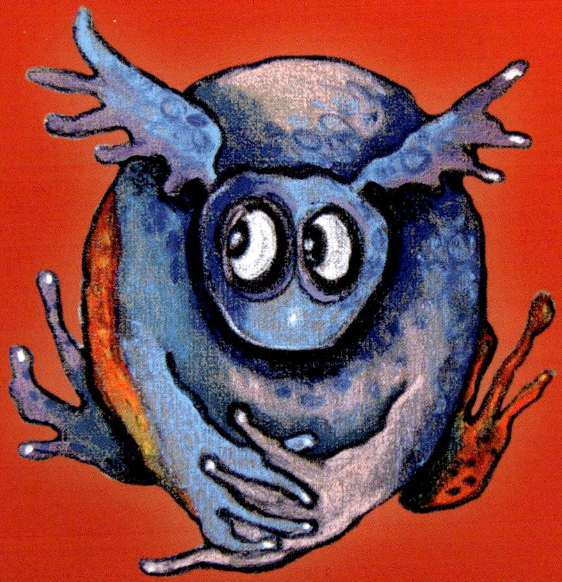

Wäre die Welt offener für die Persönlichkeiten von Erdgeistchen, so würden Sie Makuko bei Wikipedia unter dem Begriff „Eremit" anklicken können, wo dann auch einige berühmte Eremiten aufscheinen würden. Da dem leider nicht so ist, müssen Sie nun mit diesem Kapitel vorliebnehmen. Sollten Sie Makuko persönlich kennen, mag es schon sein, dass Sie dieses Geistchen vielleicht als eigentümlich wahrnehmen, aber wenn wir ehrlich zu uns sind:

Man ist fast immer ein bisschen schrulliger als man denkt.
(Pascal Lachmeier)

Makuko ist jedoch ein so besonderes Geistchen, dass es sogar eine eigene Tarotkarte schmückt. Die Karte des Eremiten wird als Urbild des Weisen beschrieben. Sie soll dazu ermuntern, das Wesentliche im eigenen Leben zu erfassen, den Schein vom Sein zu unterscheiden. Sie bekräftigt dazu, auch einmal nach innen zu schauen, denn da gibt es auch viel Interessantes zu sehen – denn das befindet sich nicht nur außen. Es ist die Karte der Zurückgezogenzeit und der inneren Einkehr, sie ist Ausdruck für eine introvertierte Lebensphase, um abseits vom geschäftigen Treiben des Alltags zur Ruhe und zu uns selbst zu kommen. So steht der Eremit für bedeutsame Erfahrungen, in denen wir erkennen, wer wir sind, was wir wollen und wie wir dahin kommen. Alleine sein ist hier ungleich mit sich einsam oder verlassen fühlen, da es sich um einen selbst gewählten Rückzug handelt, in dem man Bereicherung erfährt. Nicht, dass wir alle Makukos werden sollen, jedoch spricht alles dafür, solche Phasen auch in das eigene Leben zu integrieren.

Manch anderes Geistchen, so z.B. Irli oder Uglumuglu, wäre, ob dieser langen Einleitung, schon ungehalten geworden, weil es dabei nicht um es persönlich geht. Makuko hingegen sieht das mit unemotionaler Sachlichkeit, es ist ihm auch gar nicht wichtig, was über es gesagt wird. Es hat kein besonderes Interesse an Gesellschaft, ist gerne alleine und genügt sich selbst. Es hat kein starkes Bedürfnis, seine Erlebnisse mit je-

mand anderem zu teilen. Makuko ist daher auch ein unabhängiges Geistchen, das sich weder durch Lob, noch durch Kritik beeindrucken lässt. Es weiß, was es tut und weiß, ob es das Richtige tut. Makuko schätzt es somit nicht sehr, wenn ihm Hikito oder Ozillo ungefragt Rat- oder Vor-Schläge machen. Es nimmt solche im wahrsten Sinn des Wortes als „Schläge" wahr. Wesen wie Makuko hassen es, wenn sich die Umwelt in ihre Angelegenheiten einmischt oder Interpretationen ihres Verhaltens kund tut.

Trotzdem es nicht den Wunsch nach engen Beziehungen hat, pflegt es einen kleinen stabilen Freundeskreis. Omombo zählt jedoch keinesfalls dazu, da Makuko es nahezu peinlich empfindet, wenn jemand seine Gefühle so leidenschaftlich und dramatisch zum Ausdruck bringt. Makuko beginnt dann, diese Emotionsüberflutung mit „Intellektuell-Wisch-und-Weg" aufzuwischen, bis alles wieder staubtrocken ist oder im Glanz der Logik und Vernunft erstrahlt.

Andere Geistchen wissen meist nicht, was in Makuko so vorgeht, da es durch sein ruhiges, schweigsames und zurückgezogenes Verhalten wie ein tiefer, unergründlicher See wirkt.

Sein Freundeskreis respektiert Makukos Bedürfnis nach Zurückgezogenheit. FreundInnen beziehen dieses Verhalten nicht auf sich, sondern wissen, dass für Makuko Kontakt mit der Außenwelt anstrengend ist und ihm viel Energie abverlangt. Dieses Geistchen braucht nach sozialen Kontakten oder gesellschaftlichen Ereignissen mit einem erhöhten Kommunikationsaufkommen wieder die Ruhe, um über das Erlebte nachzudenken und es dann in die eigene Innenwelt einzuordnen. Manche seiner Mitgeistchen schätzen Makuko auch wegen seiner Stille, die es umgibt und die auf sein Umfeld überspringt, wenn es das zulässt. Erschlage ich jemanden mit Konversation und texte ihn zu, werde ich in dieser Hektik keine Stille zu spüren bekommen. Das ist schade, bekommt man doch so selten Stille zu hören!

Auch wenn Makuko schweigsam ist, können Wesen die ihm nahe stehen, etwas von seiner inneren Welt erlauschen, indem Sie ihm wirklich zuhören und ihn nicht niederquasseln oder ungeduldig in jede seiner Erzählpausen hineinspringen und dort wie in einem Sprechwasserfall herumplanschen.

Wenn es Makuko zulässt und sein Gegenüber bereit ist hin zu hören und zu sehen, sowie eine Atmosphäre zu schaffen, in der sich Makuko wohl fühlt, so eröffnet sich eine reichhaltige, fantasievolle und originelle Innenwelt. Tagträume, Fantasien und eine verborgene Sensibilität werden wie Schätze vom Meeresgrund ans Tageslicht befördert.

Schöpferische Wesen, wie z.B. KünstlerInnen, SchriftstellerInnen oder WissenschaftlerInnen weisen des Öfteren eine ähnliche Persönlichkeit wie Makuko auf, natürlich auch Wesen die anderen Berufen oder Berufungen nachgehen, zumal in vielen Arbeitsbereichen schöpferische Fähigkeit von Vorteil ist. Wichtig für Wesen wie Makuko ist, dass sie möglichst eigenständig arbeiten können, nicht in Großraumbüros ihre Arbeitzeit verbringen müssen und soziale Gruppenaktivitäten keinesfalls den Arbeitstag dominieren.

Makuko konnte sich bereits als Erdgeistchenkind gut alleine beschäftigen. Es spielte gerne alleine, las Bücher, zeichnete Schatzkarten oder schlenderte alleine durch die lobenden Auen ohne auf deren Lobgesang hereinzufallen, zumal es so in seine Gedanken versunken war, dass es diesen nicht hörte. Fürchterlich war jedoch die Idee seiner Eltern, Makuko als Wegsuchergeistchen einzuschreiben. Sie dachten, sie müssen ihr Kind zu mehr Gruppenaktivitäten motivieren und dessen Gemeinschaftssinn fördern. Makuko nahm einige Male an den Gruppentreffen teil und baute dort auch tolle Holzhängebrückenkonstruktionen. Zur Begeisterung aller anderen Wegsuchergeistchen, aber es arbeitete alleine. In der Gruppe selbst verhielt es sich still und zurückgezogen wie immer – sogar noch stiller, da es sich dort so gar nicht wohl fühlte.

Makuko wurde zu Beginn seiner Schullaufbahn aufgrund seines Verhaltens einmal einer SyplogochIn vorgestellt, weil der Lehrgeistchenkörper der Ansicht war, dieses Geistchen sei zu sehr in sich gekehrt und zu still. SyplogochInnen sind, wie Sie im Kapitel Zwischenreich erfahren haben, SeelenwichtelInnen die überall dort zum Einsatz kommen, wo etwas verschüttet, versenkt oder verborgen ist. Die SyplogochIn sah, dass die Sorge des Lehrgeistchenkörpers zwar berechtigt war, aber sie entdeckte weiters, dass sich Makuko in seiner Stille durchaus wohl fühlte. So schuf Makuko in den Stunden bei ihr einen dreidimensionalen Roboter aus Schachteln, alten CD-Rohlingen, Plastikschläuchen, Überraschungseierhüllen und weiteren Materialien, die von manch anderen Wesen nicht mal eines Blickes gewürdigt worden wären. Das Foto dieses Roboters hängt noch immer in den Räumen der SyplogochIn und Makuko erschafft auch heute, im jungen Erwachsenenalter, weiterhin Erstaunliches.

Makuko wird von so manch anderem Wesen, als Einzelgängergeistchen gesehen, wobei es viele um seine Autonomie beneiden. Makuko hat kein Problem, alleine auf Urlaub zu fahren, alleine Sport zu machen, alleine ins Theater oder Kino zu gehen oder sich alleine in sein Lieblingskaffeehaus Meerfrau auf ein Plätzchen fernab des Trubels zu setzen und dort genussvoll die beste Mönchsschnitte der Stadt zu essen. Angakanga windet sich vor Sehnsucht, da es auch gerne mal alleine in ein Kaffeehaus ginge, aber es stellt sich das ganz fürchterlich peinlich vor dort alleine an einem Tisch zu sitzen. Bluff sehnt sich nicht einmal danach, ihm kommt der Gedanke, etwas alleine, ohne Bliff, zu unternehmen, erst gar nicht in den Sinn.

Makuko entzieht sich jedem Gruppenzwang und ist so auch unabhängig vom Zeitgeist und dessen unsteten Auswüchsen. Besonders wundert sich Makuko über seine Mitgeistchen, die sich über Makuko wundern, weil es die Dinge die sie ihm erzählen mit nüchterner Sachlichkeit betrachtet und die aufgewühlte Aufregung die herumkribbelt wie tausend rote beißende Ameisen, nicht verstehen kann. Etwas, das Makuko auch so gar nicht versteht ist, warum sich jemand so lange, ausgiebig und immer wieder aufs Neue über ein und dieselbe Sache aufregen kann. Eine Freundin ist immer wieder völlig aufgewühlt, weil ihre Vorgesetzte die MitarbeiterInnen abwertet und „zum Erdferkel macht". Makuko meint, da sie doch schon 112 Jahre in dem Unternehmen arbeitet, ist es doch mittlerweile Fakt, dass ihre Chefin eine Ergeistchenvernichtungsmaschine ist.

Primäres Ziel im Leben ist es aus Sicht von Makuko, ein eigenständiges Individuum zu sein und sich etwas Eigenes aufzubauen. Im Zentrum seines Lebens stehen eigene Ideen und Projekte und solche kann man durchaus in vielen Berufen verwirklichen. Hier erkennt man, dass Wesen mit einem ähnlichen Persönlichkeitsstil wie Makuko wissen, was sie können und welche Leistungen sie erbringen und so sind sie von einem aus Silberfäden geknüpften Kettenhemd des Selbstwerts umgeben. An diesem prallen so manche spitzen Pfeile des Lebens ab, ohne Schaden anzurichten.

Makuko kann gut zwischen relevant und irrelevant unterscheiden und erkennt fast instinktiv, wo der springende Punkt einer Sache ist. Sein Humor ist subtil und sehr treffend, aber manchmal kann dieses Geistchen auch zynisch bis sarkastisch werden. Besonders dann, wenn Makuko von etwas oder von einem Mitgeistchen genervt ist.

Vor kurzem hörte ich beim Mittagessen unfreiwillig-freiwillig ein Gespräch meiner Tischnachbarinnen mit, die sich fürchterlich darüber empörten, dass ein ArbeitskollegInnenwesen auf deren (neugierige – das haben sie natürlich nicht gesagt) Frage wie denn der Urlaub gewesen sei, nur nüchtern mit „schön" geantwortet habe – die beiden haben wohl über Makuko gesprochen.

Ojemito

Ojemito Ojemito **Ojemito** Ojemito **Oje**… Ojemito Ojemito **Ojemito** Ojemito **Ojemito** Ojem

Ojemito ist ein ahnungsvolles Geistchen, mit hoher Sensibilität für Außergewöhnliches. Sensitiv und introspektiv wie Ojemito ist, weiß dieses Geistchen, dass sich nicht alles rational erklären lässt. Von allen Geistchen ist es das einzige, das immer von einem KLEFC begleitet wird. Was ein KLEFC ist? Ein KLEFC ist eine individuelle Begleiterscheinung von Wesen, die nie ihre persönliche Freiheit zugunsten normativen Denkens verschenken würden.

Ojemito missachtet Verhaltensweisen, die sämtlichen Benimmdichpäpsten die Haare zu Berge stehen lassen würden, würden sie ihrem Haar überhaupt soviel Freiheit zugestehen. Dadurch, dass Ojemito ein sehr authentisches Geistchen ist, und ausreichend Mut hat, es selbst zu sein, ist ihm egal, wie es die anderen Wesen sehen oder was andere sich über es denken. Es fügt jedoch mit seinem spleenigen Verhalten niemandem Schaden zu – außer man würde Anderssein als schädlich empfinden.

Was der eine Anderssein nennt, ist für den anderen eine akzeptable Abweichung oder gar die Norm, das ist abhängig von den sozialen und kulturellen Hintergründen. So wird das, was in Manhattan oder London als normal angesehen wird, einem Wesen aus Tahiti oder Afghanistan eher seltsam anmutet. Wesen aus Ländern in denen ein hoher Grad an Konformität erwartet wird, wie z.B. in Japan werden Verhaltensabweichungen im Allgemeinen mehr zu schaffen machen, als Wesen die z.B. aus Frankreich sind.

Ojemito weigert sich häufig, etwas als gegeben zu akzeptieren und stellt daher selbstverständliche Annahmen in Frage. Sein kleiner Freundeskreis teilt oder akzeptiert seine Denkart und Weltsicht. Einige FreundInnen werden durch Ojemitos komplizierte oder andersartige Gedanken dazu animiert die Welt auch aus einer unüblichen Perspektive zu betrachten. Missionieren will Ojemito jedoch niemanden, denn sein Motto ist: „Leben und leben lassen."

Diese Denkart und seine Zuversicht, dass der Lauf der Welt immer zu verändern sei sowie seine ausgeprägte Neugier führen dazu, dass Ojemi-

to ein sehr kreatives Geistchen ist. Es gibt sich gerne seinen Tagträumen und Ideen hin. Seine Sensitivität hält es davon ab, sich zuviel im Getümmel des lauten und grellen Alltags zu bewegen. Auch wenn Ojemito sehr selbstzentriert ist und in seiner Gedanken- und Fantasiewelt lebt, ist es ein sehr gutes Außenwelt-Beobachtergeistchen und Stimmungserfühlgeistchen. Ojemito nimmt Geräusche, Stimmungen, Ausdünstungen und Ausstrahlungen seiner Mitgeistchen und anderer Wesen sehr intensiv wahr. All dies zu verarbeiten kostet Zeit und Energie. Ojemito zieht es daher häufig vor, im Geiste durch die Welt der Fantasie und Metaphysik zu reisen, statt das reale Treiben des Alltags zu durchwaten. Natürlich muss es auch seinen Lebensunterhalt verdienen und sich mit Bürokratie und den Auswüchsen gesellschaftlicher Normen herumschlagen. Da Ojemito jedoch mit einem schelmischen Sinn für Humor ausgestattet ist, betrachtet es das Leben dementsprechend: als ZuseherIn und gleichzeitige AkteurIn einer Kabarettbühne.

Durch seinen Idealismus und seinen Anspruch, die Welt zu verbessern und die Menschen in ihr glücklicher zu machen, gebiert Ojemito immer wieder neue Ideen, um Probleme zu lösen. Sein herausragendes Merkmal ist sein systematischer Nonkonformismus.

Das Lebenselixier von Ojemito ist eine magische Mischung aus Furchtlosigkeit und Originalität. Nichts scheint diesem Geistchen peinlich und egal, welche absonderlichen Dinge es auch macht, Ojemito verliert nie das Gefühl, es selbst zu sein. Es ist spontan und zäh, mutig und einfallsreich und nicht zu vergessen gutherzig und weich.

Mitgeistchen behaupten, Ojemito spreche mit Wesen, die nicht zu sehen seien. Ojemito nimmt diese Vermutung mit Schmunzeln zu Kenntnis. Nur weil diese Mitgeistchen nicht in der Lage sind, die Geschöpfe mit denen Ojemito spricht zu sehen, heißt das nicht, dass es diese nicht gibt! Teils sind sie scheu und verstecken sich, sobald andere Wesen in die Nähe kommen. Andere wieder sind so schnell, dass nur achtsame Beobachter sie sehen können und ein Teil ist so bunt wie die Umgebung von Ojemito, wodurch sich ein Chamäleoneffekt einstellt. Wenn Kinder Dialoge mit einem unsichtbaren Gegenüber führen, so sagen wir Spiel dazu. Warum dürfen das ausgewachsene Wesen eigentlich nicht mehr, ohne gleich für verrückt erklärt zu werden? Obwohl wir es eigentlich alle tun, nur meist leise, also als Denkprozess – täten wir das nicht, würden wir auch nicht denken. Was sagt man von Menschen die nicht denken? Sicher auch nichts Gutes!

Ein Syplogoche namens David Weeks hat Wesen, die ähnlich wie Ojemito sind, interviewt und getestet und ist zu dem Ergebnis gekommen, dass sich solche Wesen im Allgemeinen einer besseren psychischen und physischen Gesundheit erfreuen, als die restliche Bevölkerung und zudem glücklicher als der Durchschnittsmensch oder -erdgeist sind. Sie seien einfach weniger Stress ausgesetzt, da der Zwang zu Anpassung wegfällt und weniger Stress hat zur Folge, dass das Immunsystem alle Viren, Bakterien, Querulanten, Bosheiten und sonstiges Ungeziefer besser abwehren kann.

Zu den besonders robusten Wesen von Weeks StudienteilnehmerInnen zählt John Slater, der barfuss und im Pyjama die britische Insel durchquerte und seit Jahren in einer schottischen Höhle wohnt, die bei Flut unter Wasser steht. Oder der Cheppewa-Indianer Marvin Staples aus Minnesota, der stets rückwärts geht, weil er sich durch seine rückwärtsgewandte Lebensweise jünger fühle und so von seinen chronischen Rückenschmerzen befreit sei.

Etwas, das uns Menschen erstaunen mag, Ojemito aber notwendig und gar nicht ausgefallen erscheint, ist jene Studienteilnehmerin namens Ann Atkin, die in ihrem Garten in Devon 7500 Gartenzwerge postiert hat. Warum nicht auch unserer Gattung Denkmäler setzen, ist die Welt doch voll von monstergroßen menschlichen Statuen, denkt Ojemito. Die 30.000 Besucher pro Jahr sehen das wie Ojemito und stimmen Atkin zu, dass Zwerge das Innerste des Menschen anrühren. Wie Frau Atkin, müs-

sen auch die Besucher bei der Besichtigung der Zwergenversammlung Zipfelmützen tragen, um die Wichtel nicht in Verlegenheit zu bringen.

Eine besondere Hochachtung bringt Ojemito dem englische Naturforscher Charles Waterton entgegen, der seine Ställe so baut, dass seine Pferde miteinander „reden“ konnten und in seinem Haus auch zahlreichen Fabelwesen Obdach gewährte. Waterton gebar als Hobby-Präparator aus den Bälgen toter Tiere diese Fabelwesen. Eine weitere heitere oder absurde Angewohnheit hatte Waterton: Wenn er Besuch erwartete, verkroch er sich unter einem Tisch in seinem großen Wohnzimmer. Wenn dann der Besucher eintrat, bellte er wie ein Hund und biss den Gast, oft auch recht herzhaft, in die Waden. Auch soll Waterton noch als Achtzigjähriger Bäume erklommen haben, um dort stundenlang die Gewohnheiten der Vögel zu studieren.

Ojemito wirkt im Vergleich hierzu mit seinem Verhalten und seiner Begleiterscheinung dem KLEFC noch recht harmlos. Aber es ist ja noch jung für ein Erdgeistchen. Wer weiß, was Ojemito alles an Außergewöhnlichem zu bieten hat, wenn es ein vergleichsweise hohes Alter wie Waterton erreicht hat?

Der Syplogoche Weeks erforschte auch, dass viele seiner Probanden im Schnitt sogar um 12 Jahre jünger erschienen, als sie von ihrer Geburtsurkunde her waren. Ein Fragebogen über die Lebensgewohnheiten sollte dann das Geheimnis der jüngeren Erscheinung lüften. Dieses ist gar nicht so geheimnisvoll, wie man denkt: regelmäßiger gesunder Schlaf, schelmischer, kosmischer Humor und Freude am Sex bremsen das Altern. In Kurzform ist das wesentlichste Ergebnis, dass die mentale Haltung wichtiger ist, als das genetische Erbe. ‚Don‘t worry – be happy‘, so interpretiert Weeks die Ergebnisse. Eine fröhliche Einstellung lässt jemanden jung aussehen und ein junges Aussehen gibt auch Grund, glücklich zu sein.

Weeks Studie hat gezeigt, dass bestimmte Formen von abweichendem Verhalten eine gesunde, heilsame Nebenwirkung mit sich bringen und auch unentbehrlich für unseren sozialen Organismus sind.

„Die Evolution der Menschheit bedarf der Exzentriker.“
David Weeks

„Die Evolution aller denkenden Lebewesen, bedarf außergewöhnlicher, sensitiver, selbstbewusster und eigenständiger Erdgeistchen und anderer Wesen, wie Ojemito.“
Beate Handler

Magunda

Magunda

nda **Magunda** Magunda **Magunda** Magunda

unda **Magunda** Magunda
Magunda **Magunda** Magun

Das Erdgeistchen Magunda hat sehr oft das Gefühl, es spiele nur die Rolle eines erwachsenen Geistchens und ist in seinem tiefsten Inneren ein Kind, jedoch mit dem intellektuellen Niveau eines erwachsenen Geistchens. Magunda findet sich nach außen hin zwar gut in der Welt zurecht, in seinem Inneren schläft jedoch neben der ideenreichen, verspielten, quirligen und anschmiegsamen Wolkenkatze, der Höllenhund der Einsamkeit und Leere.

Diese zwei so unterschiedlichen Begleiter tragen dazu bei, dass die Welt von Magunda in Gut und Böse gespalten ist. Diese Spaltung spiegelt sich auch in seinen Stimmungen wider, wodurch Magunda ein sehr emotionales Geistchen ist.

Eine Kluft zwischen zwei Extremen führt, wie schon das Wort auseinanderklaffen impliziert, unweigerlich zu einem Zustand der Spannung. Wesen, die sich das so nicht vorstellen können, hilft vielleicht ein anderes Beispiel: Stellen Sie sich vor, Sie sitzen in einem knallroten Tretauto für Kinder und müssen damit auf der Autobahn eine Entfernung von 100 km in einer Stunde zurücklegen. Schaffen Sie das nicht, so könnte das Ihr Ende sein. Sollten Sie nun abwinken und sagen „Was soll das, das ist irreal und extrem!" – ja, das ist es und ähnlich überbordend gehen Stimmungen ins Extreme bei den Magundas der Erdgeistchen- wie auch der Menschenwelt. Stimmungen und Gefühle lösen sich schnell ab und deren Wechsel bestimmt den ganzen Lebensablauf. Magunda neigt daher dazu, impulsiv zu handeln und aus einer Stimmung heraus Entscheidungen zu treffen. Das macht Magunda einerseits zu einem spontanen Geistchen, andererseits bringt es auch Probleme mit sich.

Wesen, bei denen dieser Persönlichkeitsstil stärker ausgeprägt ist, als bei Magunda stürzen sich durch ihre Impulsivität z.B. in Geldausgaben oder greifen zu subjektiv beruhigenden Mitteln wie Medikamenten, Drogen oder Alkohol – viele verletzen sich auch selbst. Beziehungen zu anderen Wesen nehmen einen Verlauf der in diese Extrem-Muster fällt, was

dazu führt, dass nach der anfänglichen Phase der großen Begeisterung für ein Wesen rasch eine tiefe Enttäuschung folgt.

All diese irrational erscheinenden Handlungen dienen dazu, die starke Anspannung, die durch einen inneren oder äußeren Konflikt ausgelöst werden kann, subjektiv zu reduzieren. So kann die Anspannung, die Gefühle wie bodenlose tiefschwarze Traurigkeit, grüngelbrotblitzender Zorn und gallertige quallenartige Enttäuschung hervorruft, durch Aktionen wie Fressanfälle, Räusche aller Art (Kaufen, Alkohol, Drogen, ...), „durchgemachter" Nächte oder blutender Schnitte ins eigene Fleisch kurzfristig gemildert werden. Nur kurzfristig, denn bald folgen Scham- und Schuldgefühle. Diese Gefühle pfeifen ihrerseits wieder einen Höllenhund herbei, der sofort bei Fuß steht und scharrend der weiteren Dinge harrt.

Verwandte von Magunda erzählen, dass dieses Geistchen während seiner Kindheit wenig Nestwärme, Liebe und Geborgenheit erfahren hat und somit nicht jene Seelennahrung erhalten hat, die seine zarte Geistchenseele benötigt hätte um sorgenfrei gedeihen zu können. Die Bezugspersonen von Magunda sollen auch seine Gefühle ignoriert oder ihm abgesprochen und nicht ernst genommen haben, berichtet ein Geistchen, das Magundas Familie sehr gut kennt. So schafft sich Magunda bis heute Illusionen von Geborgenheit und wird von der tiefen Sehnsucht nach jemandem begleitet, der es bedingungslos liebt, es annimmt wie es ist, ohne Anspruch, es verändern zu wollen. Jemand der immer bei ihm ist und es nie mehr verlässt. Eine Sehnsucht, deren Erfüllung nahezu unmöglich ist.

Magunda wünscht sich ganz intensiv ein Wesen, das es selbstlos liebt, so wie Eltern ihre Kinder lieben sollten, gleichzeitig ist aber die Angst vor einem möglichen Verlust dieses Wesens grenzenlos. Das führt dazu, dass Magunda die Zuneigung von ihm nahestehende Geistchen immer wieder überprüft. Meint Magunda Anzeichen für Zurückweisung oder Liebesverlust zu erkennen, beginnt sich der Höllenhund zu strecken, zu regen und zu grollen oder wird ganz wach und beginnt dann schrecklich laut zu brüllen. Dieses Gebrüll erschüttert Magunda so sehr, dass sein sonst so wacher Verstand aussetzt und es Dinge tut die weder ihm selbst noch seiner Umwelt gut tun.

Wenn Magunda wütend ist, kennt es keine Grenzen und oft ist es schon wegen irgendwelcher Kleinigkeiten wütend. Auch wenn Magunda traurig ist, kennt es keine Grenzen und oft ist es schon aufgrund täglicher Begebenheiten traurig. Wenn Magunda glücklich ist, kennt es ebenfalls keine Grenzen und so kann ein kleines Glücksgefühl zur Euphorie werden.

Und so lebt Magunda auf einer emotionalen Gefühlshochschaubahn.

Der Freundeskreis von Magunda fühlte sich früher, als das Verhalten dieses Geistchens eben noch ungezügelter war, infolge mancher Aktionen vor den Kopf gestoßen und enttäuscht. Jene von ihnen, die sich um Magunda zu kümmern versuchten, wenn es ihm schlecht ging, entdeckten dann auch die eigene Verzweiflung und Hilflosigkeit hin bis zur Wut. Wobei Wut ja der Ausdruck von Hilflosigkeit ist. Denn steht man jemandem nahe, macht man auch die Hochs und Tiefs des geliebten Wesens mit. Das ist allerdings nicht hilfreich, da man selbst unausgeglichen oder später auch aggressiv wird und dadurch ein Teufelskreis entsteht der alle Betroffenen nach unten zieht – zum Höllenhund. Hier ist es an der Zeit SeelenwichtelInnen aufzusuchen und ihre Arbeit tun zu lassen – sowohl für Wesen wie Magunda, als auch für deren Angehörige, PartnerInnen und FreundInnen.

Früher, als jugendliches Geistchen, war Magunda noch viel schneller mal bedrückt und verzweifelt, ließ aber niemanden an sich heran, dann wiederum explodierte es plötzlich oder war überschießend euphorisch. Schrittweise an Probleme heranzugehen oder Tag für Tag seinen Verpflichtungen nachzukommen war diesem Geistchen damals unmöglich. Mittlerweile hat Magunda mit Hilfe von SeelenwichtelInnen und

aufgrund seiner reichhaltigen psychischen Ressourcen und seines Intellekts gelernt, diese Gefühlshochschaubahn zu steuern. Das ist zwar nicht immer leicht, aber Magunda ist eine Kämpfernatur und lässt sich auch nicht gerne durch rigide Normen einschränken, sondern pflegt seine persönliche Freiheit als wertvolles Gut.

Magunda mag es nicht, wenn jemandem Unrecht widerfährt. Ist dieses Geistchen Zeuge einer solchen Situation, so werden Wolkenkatze und Höllenhund gleichzeitig putzmunter und aktiv und veranstalten derartige Turbulenzen, dass sich Magunda in einen Kentaur verwandelt, der ohne sich mögliche Gefahren zu vergegenwärtigen ins Geschehen stürzt, um dem unterdrückten oder gepeinigten Wesen zur Seite zu stehen. Nicht immer geht das gut für Magunda aus, obgleich das Geistchen zwar nicht körperlich verletzt wird, leidet seine Seele lange unter den Nachwirkungen der Turbulenzen die Wolkenkatze und Höllenhund veranstaltet haben.

Was sich hinter dieser emotionalen Rastlosigkeit versteckt, wird nur selten sichtbar, da es eine innerliche Leere ist, die Magunda stetig und sisyphusgleich zu füllen versucht. Unerfreuliche Ereignisse die der Alltag mit sich bringt, blasen jedoch die Füllung mit einer Sturmböe hinweg. Danach scheint dann plötzlich nichts mehr zu existieren, was für Wesen die ähnlich wie Magunda sind, wichtig oder interessant wäre. Außer den eigenen Gefühlen scheint nichts in ihrer Welt wichtig zu sein. Das gesamte Umfeld erscheint irreal, ebenso andere Wesen, die eigenen Pläne, die eigenen Wünsche – ja sogar der eigene Körper werden als fremd und stumpf wahrgenommen.

Magunda fragt sich oft, woher diese Leere kommt. SyplogochInnen orten die Wurzeln in der frühen Kindheit und Jugend. In der Zeit, wo wir als Baby, Kleinkind, Kind und schließlich Jugendliche von unseren Bezugspersonen abhängig sind, die uns dabei unterstützen sollen uns selbst und die Welt um uns herum zu entdeckten und lernen mit uns und der Welt konstruktiv umzugehen.

Schon in sehr frühen Lebensjahren, in denen sich ein Kind die Frage „Wer bin ich" zwar noch nicht bewusst selbst stellen kann, beginnt die Suche nach Antworten. Diese Antworten findet es, wie Sie im Kapitel „Wie werde ich, ich?" gelesen haben, in den Reaktionen und Aktionen seiner Bezugsperson. Durch eine liebevolle Zuwendung erfährt ein Kind, dass es wertvoll und liebenswert ist. Doch genau diese Botschaft scheinen Wesen, wie Magunda, nicht empfangen zu haben. Ein stabiles Bild der eigenen Person, dem man vertrauen kann, fehlt und somit muss diese Frage jeden Tag aufs Neue gestellt werden: Je nach Stimmungslage fällt dann die Antwort anders aus: So sieht sich Magunda mal als größtes Versagergeistchen und dann wieder als unerkanntes heldenhaftes Geistchen. Schwarz und weiß, gut und schlecht, brav und schlimm – ein Leben in einer Kluft – einem Zwiespalt!

An Tagen, an denen die drei großen, fetten, feisten Seelenegelgedanken wieder mal alle gemeinsam anfangen Magundas Gehirn zu betören und an seiner Seele zu saugen, braucht dieses Geistchen besonders viel Energie um sich selbst zu motivieren und sich bewusst zu machen, dass es ein liebenswertes, wertvolles und einzigartiges Geistchen ist, das gut in seinem lebenswerten Leben und der Welt zurechtkommt. Wenn Sie gute Ideen haben, diese Seelenegelgedanken zu widerlegen, lassen Sie es Magunda wissen. Dieses Geistchen ist sehr offen für neuen Input, denn es probiert gerne neue Strategien aus, damit es die Seelenegel noch besser zähmen und vielleicht sogar dressieren kann.

Seelenegel Globusschwärzer flüstert: „Pass gut auf, die Welt ist böse, gefährlich und voller Feinde!"

Seelenegel Sadodiktator flötet: „Merkst du denn gar nicht, wie machtlos du bist? So verletzlich wie ein neugeborener Vogel der aus dem Nest gefallen ist!"

Seelenegel Abwertbolzen ätzt: „Na du Loserwesen, wie ist der Tag so, für jemanden der so absolut inakzeptabel ist wie du?"

Es sind wahrlich keine angenehmen Zeitgenossen diese Seelenegel und sie sind ziemlich resistent gegen Kammerjäger aller Art. Magunda kann sie jedoch mittlerweile recht gut abschütteln – denn wenn die Seelenegel merken, dass sie Zuversicht, Selbstwert, Stärke und Freude in ihren überdimensionalen Saugnäpfen schmecken, wird ihnen ganz übel, sie bekommen Magenkrämpfe, aus ihrer fetten, feisten Gestalt beginnt zischend alles Leben zu entweichen und sie werden schrumpelig, klebrig und klein, wie ein alter Luftballon aus dem alle Luft entwichen ist.

Magunda kann dies deshalb so gut, da es durch seine intensiven Gefühle, auch positive Emotionen stark verspürt. Magunda nimmt mit großer Begeisterung schöne und angenehme Dinge wahr und lehnt gleichzeitig intuitiv und impulsiv Wesen, Dinge und Situationen ab, die negative Eigenschaften signalisieren. Magunda verfügt über ein hohes Maß an Flexibilität und kann sich somit gut an die unterschiedlichsten Situationen anpassen, auch an krisenhafte. Sie sind Magunda sicher schon begegnet, da es hervorragend Kontakte knüpfen kann und über einen spritzigen, intelligenten Humor verfügt, gerne lacht und Spaß hat.

Irli

Irli Irli Irli Irli Irli Irli Irli Irli Irli

Irli Irli Irli Irli Irli Irli Irli Irli Irli
Irli Irli Irli Irli Irli Irli Irli Irli

Irli kennt keine Angst, es ist ein furchtloses und risikobereites Geistchen, das Abenteuer über alles liebt. Seine Interessen sind vielseitig und es hat in seinem Erdgeistchenleben schon unzählig viele wagemutige Aktionen, Tätigkeiten und Projekte durchgeführt und ebenso viele Abenteuer erlebt.

Irli entdeckte beim Surfen im Internet die Seite eines Erlebnisanbieters und wollte der Aufforderung „Erleben Sie los!" sofort nachkommen und einen Erlebnisgutschein mit zahlreichen Events buchen. Natürlich wählte Irli nicht das Kuschelwochenende mit „Iglu-Romantik" und „Lost in Paradies", sondern versuchte, schon ganz kribbelig und sehnsüchtig nach einem ordentlichen Kick, zwischen dem Angebot „Adrenalinkicks" und „Nervenkitzel Deluxe" zu entscheiden. Da gab es Events wie „Bungee Jumping mit Dive In", „Apnoe Tauchen", „Quadtour fahren", „Eisklettern", „Panzerfahren", „Hubschrauber selber fliegen", „Rennwagen fahren" und einiges mehr. Da Irli aber alles so „megageil" erschien, wollte es auf nichts davon verzichten und alles erleben und so buchte es beide Eventgutscheine. Die paar hundert Euro mehr oder weniger auf seinem Konto waren ihm egal, zumal dieses zurzeit sowieso im Minus war.

Da es nicht erst bis zu seinem geplanten Urlaub warten wollte, schob es an seinem Arbeitsplatz einen frei erfundenen schweren Unfall in seiner nahen Verwandtschaft vor, um gleich die nächste Woche losfahren zu können. Seine KollegInnen waren besorgt und sehr mitfühlend. Ein KollegInnengeistchen verschob sogar seine freien Tage, damit Irli zu seinem schwer verletzten Onkel fahren konnte. Irli war sehr zufrieden mit dieser Entwicklung der Dinge.

Bungee Jumping von der Kärntner Jauntalbrücke mit „Dive In" ist für Irli ungefähr so angstbesetzt, wie es für mich ist, ein Frühstücksei zu köpfen – also nicht sonderlich. Es genießt das Gefühl mit 100 km/h im freien Fall in die Tiefe zu stürzen und dann als Draufgabe bis zur Hüfte in die bis zu 19 m tiefe Drau einzutauchen und gleich darauf die ursprüngliche Form des Tauchens das Apnoe-Tauchen auszuprobieren. Das ist

schon etwas mehr Kick für Irli, wenn es ohne technische Hilfsmittel und nur mit der Luft eines Atemzuges in die Tiefe geht! Das Besondere an Irli ist, dass es die Regeln, die der Tauchlehrer vorgibt, versucht zu brechen und bis zur Grenze seines Atems in der Tiefe bleibt. Die nachfolgende Zurechtweisung lockt ihm nur ein Lächeln und Achselzucken hervor, denn es wird ja wohl selbst wissen, was es sich zutrauen kann.

Beim Offroad Quad fahren – ein Quad ist ein kleines Geländefahrzeug für ein bis zwei Personen ähnlich einem Motorrad, jedoch mit vier Rädern und dicken Ballonreifen – ist es abhängig vom Fahrkönnen welche Hindernisse man abseits des öffentlichen Straßenverkehrs in unwegsamem Gelände auf seiner Tour überwinden muss. Irli ist noch nie Quad gefahren, jedoch gibt es Profikenntnisse an, um die Ankündigung, dass die größten Hindernisse zum Klacks werden, wenn man gekonnt durch die Parcours crossen und driften kann und so auch die steilsten Anstiege, ebenso wie die waghalsigsten Gefälle mühelos bewältigen kann. Es möchte sich keinesfalls all die rasanten Strecken entgehen lassen, nur weil es Anfänger ist. Irli fragt sich, was denn dabei sein soll, so ein Quad zu steuern und wenn was passiert, ihm gehört das Ding ja nicht und versichert ist es auch, also warum nicht Spaß haben, ohne Einschränkungen. Nachdem Irli ein geschicktes und intelligentes Geistchen ist, hat es die Quadsteuerung auch tatsächlich sehr schnell begriffen und das Fahrzeug unter Kontrolle. Es zerkugelte sich dann auch über all die AnfängerInnen und vorsichtigen FahrerInnen, die ihre Quads sittsam über die Hindernisse brachten. Und weil es so lustig war, fuhr Irli immer wieder recht knapp bei anderen Quads vorbei, so dass diese abrupt bremsen mussten oder es staubte jene die hinter im fuhren durch lässiges Schleuderdriften mit dicken Sandwolken ein. Irli vergaß jedoch nicht, sich danach sehr charmant für sein kleines Missgeschick zu entschuldigen.

Irli hat vor ein paar Jahren auch schon mit einer geführten Gruppe den Mount Everest bestiegen. Dieses Ereignis ist ihm noch sehr gut in Erinnerung und lässt ihm sogar noch heute, wenn es daran denkt, einen leichten Adrenalinschauer durch den Körper laufen. Obwohl der Leiter der Tour vom Basislager ihn und ein zweites Mitglied instruierte umzudrehen, weil ersichtlich war, dass ihre Kräfte nicht reichen würden und sie sich und die Sherpas gefährden würden, widersetzte es sich und handelte sich mit Charme und Überzeugungskraft immer wieder ein weiteres Wegstück aus. Es wusste, es hatte so gut trainiert, dass das nur leeres, übervorsichtiges Gerede vom Teamleiter sein konnte. Stolz war Irli, dass selbst der Anblick eines Bergsteigers der vor Erschöpfung zusammengebrochen und erfroren am Rand des Steiges lag, es nicht von seinem Vorhaben, den Gipfel zu erklimmen, abhalten konnte. Irli erreichte auch sein Ziel, so wie es das wollte. Zwar war der Teamleiter nach Irlis Abstieg zum Basislager kurzfristig sauer, aber Irli wartete mit gut durchdachten Argumenten auf, um sein Verhalten zu erklären, sodass der Teamleiter schussendlich doch Verständnis und schließlich sogar Bewunderung für Irlis Durchhaltevermögen und Zielbewusstsein aufbrachte.

Irli macht sich um andere keine Sorgen, da es davon ausgeht, dass jeder Mensch für sich selbst verantwortlich ist und so auch selbst auf sich aufpassen muss. Moralische Verpflichtungen, Empathie oder Sentimentalität sind Irli daher fremd. Sentimental wird Irli höchstens, wenn es an seine Jugend zurückdenkt. Da war es noch viel wagemutiger als heute. Nicht nur einmal ist es von zu Hause weggelaufen und hat sogar einige Zeit in einem besetzten Haus gewohnt und sich mit kleinen Diebstählen sein Leben finanziert. Irli schaffte das alles immer gerade so, dass es nicht entdeckt und angezeigt wurde. Man sagt Irli nach, dass es ein wildes Kind gewesen sei, immer zu Abenteuern und Streichen aufgelegt. Egal welche Konsequenzen seine Taten nach sich zu ziehen drohten, büßte Irli entweder furchtlos seine Strafen ab oder schaffte es auch sehr oft seine Mitgeistchen mit Charme, Witz und wohlwollenden Worten zu besänftigen. In der Jugend sagte ihm ein Lehrergeistchen sogar eine Karriere als PolitikerIn voraus, da Irli hervorragend mit Worten spielen konnte und wahre Kunstwerke der Rhetorik schuf.

Irli war dann tatsächlich einige Zeit lang politisch tätig. Langfristig wurde Irli diese Tätigkeit aber zu langweilig, da es nicht jene Ziele erreichte die es anstrebte und die ihm aus seiner Sicht und der seines Mentors, aufgrund seiner Fähigkeiten auch zugestanden wären. Nachdem sein Mentor infolge des Korruptionsverdachts zurücktreten musste, zog sich Irli aus der Politik zurück. Da gab es auch einfach zu viele Geistchen, die sich ähnlich wie es selbst verhielten, da fehlte Irli der Kick des Besonderen.

Seither hat Irli auch schon oft ohne Bedauern oder Verlustgefühl seinen Wohnsitz einschließlich des Landes gewechselt. Es lebt schließlich in der Gegenwart und blickt nach Herausforderungen suchend in die Zukunft. Vergangenheit ist etwas für RomantikerInnen, aber nicht für AbenteurerInnen, sagt Irli. Irli kommen so auch seine häufigen beruflichen Reisen in aller Geistchen Länder sehr entgegen. Das führt jedoch auch dazu, dass Irli seine partnerschaftlichen Beziehungen recht offen führt und auch hier das Abenteuer liebt. Es kann in vielen Teilen der Welt auf PartnerInnen zurückgreifen, mit denen es dann und wann immer wieder aufregende und anregende Zeiten verbringen kann.

Ach wie liebt Irli sein Leben im Hier und Jetzt. Es ist so schön, spontan zu sein, völlig verrückte Ideen umzusetzen, ohne Angst und Furcht vor Konsequenzen. Mein zweiter Name ist Risiko, scherzt Irli immer wieder, wenn es gefragt wird, ob es denn so gar keine Furcht kenne. So habe auch sein Vater ein furchtloses Wesen gehabt. Zwar kannte es ihn kaum, da dieser immer rund um den Globus als Sicherheitsbeauftragter unterwegs gewesen ist, aber was die Verwandtschaft so erzählt, war er ein furchtloser Recke. Bei einem Einsatz in einem Kriegsgebiet erlag er noch in recht jungen Jahren den Verletzungen die er sich bei einem Rebellenangriff zugezogen hatte. „No Risk – No Fun – er wollte einfach seinen Weg gehen und das hat er getan" so kommentiert Irli das Ableben seines Vaters.

In der Zeit, in der sein Vater zu Hause war, pflegte dieser einen inkonsistenten Erziehungsstil. Mal griff er auf strenge Disziplinierungsmaßnahmen zurück, dann wieder überschüttete er Irli mit Geschenken und ließ ihm alle Freiheiten. Seine Mutter hingegen zog sich zurück aus der Welt, war sehr still, mit vielem überfordert und oft krank. Ein konstantes Umfeld, Struktur, Orientierung und soziales Miteinander gab es daher in Irlis Kindheit und Jugend wenig. So blieb Irli auch nichts anderes übrig, als ein selbstbestimmtes Geistchen zu werden, das sich selbst am nächsten steht. Sein Selbstbewusstsein, seine Risikobereitschaft, sein allgemein schnelles Denken und Handeln sowie seine rhetorischen Fähigkeiten waren ihm bis jetzt bei seiner Karriere immer von Vorteil.

Was Irli nicht kennt, ist das Gefühl von innerer Ruhe, tiefer Entspanntheit, wohliger Geborgenheit oder einer Zufriedenheit die aus dem kleinen Glück des Augenblicks entspringt. Ein einfühlsames, herzliches, fröhliches Miteinander, bei dem sich Geben und Nehmen im Gleichgewicht hält, ist Irli fremd.

Ob solche Erfahrungen und Gefühle diesem Geistchen abgehen? Man weiß es nicht und wir werden auch keine Statements von Wesen mit einer starken Ausprägung dieser Persönlichkeitsstruktur dazu erhalten, denn solche Geistchen lesen dieses Buch nicht. Sie sind damit beschäftigt in rasantem Tempo die Welt zu erobern und geben sich nicht mit der entschleunigten Tätigkeit des Bücher Lesens ab. Geht man jedoch davon aus, dass man etwas, das man nicht kennt, auch nicht begehren kann, dann dürfte Irli dadurch kein Mangel entstehen. Andererseits sind Erdgeistchen, wie Menschen soziale Wesen, mit dem Bedürfnis nach zwischengeistlicher bzw. zwischenmenschlicher Wärme und so hört man, dass Wesen mit einer ähnlichen Persönlichkeitsstruktur wie Irli, dazu tendieren, Leere und Langeweile zu spüren, die auch in Traurigkeit hin bis zur Depression münden kann. Irli zeigt aber diesbezüglich noch keine Anzeichen und so wird es hoffentlich auch in Zukunft bleiben, damit es sein Leben in vollen Zügen genießen kann.

Sein Umfeld steht Irli gespalten gegenüber. Jene Wesen, die eher rücksichtsvoll agieren und ein ausgeprägtes soziales Bewusstsein haben, kommen außer Atem, weil sie sich ständig gegenüber Forderungen von Irli abgrenzen müssen. Ein Nein wird von diesem Geistchen nicht akzeptiert, es schmeichelt, begehrt, fordert und tut solange alles Nötige, damit seine Bedürfnisse befriedigt werden. Zahlreiche Geistchen bewundern Irli, ob seines Charmes, seiner Durchsetzungskraft, Weltgewandtheit, seiner Unverfrorenheit und seiner Erfolge. Früher, wie heute erliegen gutgläubige Wesen dem Charme und der Magie von PiratInnenn, SeeräuberInnen, FeldherrInnen, Bad Boys, Bad Girls, oder AbenteurerInnen – die Welt scheint auch diese Persönlichkeiten zu brauchen.

Immidimmi

Immidimmi **Immidimmi** Immidimmi ***Immidim***

Immidimmi

Immidimmi Immidimmi Immidimmi ***Immidimmi***

midimmi Immidimmi ***Immidimmi*** Immidimmi **Immidimmi** Immid
idimmi Immidimmi ***Immidimmi*** Immidimmi **Immidimmi** Immid

Immidimmi glaubt an sich selbst und an seine Fähigkeiten. Dieses Geistchen ist sich seiner Einzigartigkeit und seiner Besonderheit sicher – es weiß, dass es auf unserem Planeten seinen Platz und seine Aufgabe hat. Es ist geboren, um die Welt zu erobern und seine Träume zu verwirklichen. Schon mit sechs Jahren antwortete Immidimmi, gefragt nach seinem späteren Berufwunsch, dass es ein „Obergeistchen" (österreichisch „Obageistchen" ausgesprochen) werden wollte. Auf die erstaunte Äußerung, „Ja warum willst du denn ein ‚Opageistchen' werden, das ist ja kein Beruf?" lächelte Immidimmi trotz seiner jungen Jahren immer milde und klärte, die aus seiner Sicht etwas beschränkten Mitgeistchen, über deren Fehlhörigkeit auf. Nein, wie kann jemand nur so was denken, wo doch klar ist, dass Immidimmi beruflich, wie privat in der Oberliga „spielen" wird und sicher nicht etwas anstrebt, das ein Wesen auch ohne sich dabei mit anderen messen zu müssen und auch ohne viel eigenem Einsatz erreicht.

Immidimmi hat auch keine Scheu seine Fähigkeiten und Erfolge seinen Mitgeistchen klar und deutlich mitzuteilen. So erzählt Immidimmi sehr oft, dass es in seiner Jugend Leistungssport betrieben hat und später, trotz der hohen Anforderungen die der Sport mit sich brachte, weit unter der Mindeststudiendauer sein Studium abgeschlossen hat. Parallel dazu hat es regelmäßig Sportwettbewerbe bestritten und dabei natürlich zahlreiche Medaillen ergattert. Immidimmi liebt den Wettstreit über alles, sich in angestrebte Positionen oder Ränge vorzukämpfen erfüllt es mit wohligen Gefühlen. Zu spüren, dass es besser, schneller, stärker als andere ist, fühlt sich einfach gut an. Irgendwie mag es Immidimmi sogar nicht, wenn etwas leicht geht – es ist für dieses Geistchen aufregender, wenn es sich bei allem was es anstrebt in irgendeiner Form beweisen kann. In dieser Form setzt sich Immidimmi auch für Mitgeistchen ein. Hilfe und Unterstützung für Mitgeistchen bedeutet für Immidimmi, von ihm persönlich gesetzte Ziele zu erreichen. Jene Wesen oder Institutionen, die es zur Zielerreichung benötigt, werden dafür – mit oder gegen

deren Willen – effizient eingesetzt. Das Ergebnis ist für Immidimmi das Erleben des Erfolges mit dem Titel „Zielerreichung trotz, für ein Durchschnittgeistchen, nicht zu überwindbarer Hindernisse". Es ist selbstverständlich für Immidimmi, wenn es sich mit seinem großen Einfluss und solcher Power für ein anderes Wesen einsetzt, dass dieses Wesen sich zu lebenslanger Dankbarkeit verpflichtet fühlt.

So ist es auch verständlich, dass Immidimmi erwartet von anderen stets besonders gut behandelt zu werden und seine Erwartungen und Wünsche ohne Widerstand erfüllt zu bekommen. Immidimmi setzt zwischenmenschliche Beziehungen sehr geschickt ein, um mit Hilfe seiner Mitgeistchen, die eigenen Ziele zu erreichen. So ist es doch eine Ehre für ein Wesen wie Immidimmi, seine Arbeitskraft und seine Zeit zu investieren. Sollten Sie den Eindruck haben, dass Immidimmi sein Umfeld ausnützt und ihm dies mitteilen, so wird es dem aufs heftigste widersprechen. Immerhin ist Immidimmi ein ganz besonderes Geistchen, dem dadurch auch Sonderregelungen zustehen. Unterlassen Sie es somit besser, wenn Sie Immidimmi treffen, dieses Geistchen zu kritisieren. Es wird Ihnen auch kaum gelingen, denn Immidimmi macht prinzipiell keine Fehler. Als Immidimmi einmal eine Gruppe von Besuchern durch die Firmenräume führte und dabei ein klein wenig ungeschickt war und stolperte – etwas das natürlich jedem Wesen hin und wieder passieren kann – rief es den Mitgeistchen zu „Vorsicht, hier ist es nass! Rutschen Sie nicht aus!" – Der Boden war jedoch staubtrocken – aber Wesen wie Immidimmi sind weder ungeschickt und stolpern, noch passiert ihnen sonstiges Fehlverhalten. Für Fehler sind Mitgeistchen oder widrige Umstände verantwortlich, aber sicher nicht die Immidimmis dieser Welt.

Ozillo und Angagakanga kann Immidimmi in Bezug auf den Umgang mit Schuldgefühlen ein großes Vorbild sein. Selbstbeschuldigung ist Immidimmi so fremd wie einem Eisbären die Sahara. So wie sich Ozillo wie ein Ferkelchen im Schlamm in Schuldgefühlen suhlen kann, so beutelt Immidimmi diese ab, wie ein nasser Hund sein Fell. Immidimmi reitet wie ein Ritter in goldener Rüstung durchs Leben – mächtig, grandios und unverwundbar. Mit dieser energiegeladenen Aura von Selbstbewusstsein, Macht und Großartigkeit kann es andere Wesen mitreißen und motivieren, sich für etwas einzusetzen. Zumal Immidimmi mit Begeisterung und großem Enthusiasmus für Ethik und soziale Gerechtigkeit plädiert.

Immidimmi ist das Führungsgeistchen der Firma Fabiaosman, deren Produkt Sanhalenrohsen sind. Das sind kleine knorpelige Gebilde, die Erdgeistchen benutzen um ihr Erscheinungsbild zu gestalten. Man kann diese Gebilde im Gesicht platzieren oder am Kopf, ebenso am Rumpf oder am Pürzel. Wenn Sie sich alle Erdgeistchen genau ansehen, werden sie bei jedem Sanhalenrohsen entdecken. Immidimmi ist schon lange in dieser Branche und leistet viel, um Anerkennung und Bewunderung zu erhalten. Es ist völlig nachvollziehbar, dass Immidimmi sich oft ärgern muss, weil MitarbeiterInnengeistchen oder andere Wesen ihm einfach nicht das Wasser reichen können und oft sehr unfähig sind. Immidimmi lässt seinem Unmut immer freien Lauf und macht seiner Empörung über die Unfähigkeit seines Umfelds lauthals Luft. Während alle Mitgeistchen noch verschreckt, pikiert oder beschämt dasitzen und nach Luft ringen, flötet Immidimmi schon wieder charmant Schmeicheleien in die Ohren seines Publikums. So schnell ist Immidimmi wieder gut drauf, da kann man ihm doch nicht böse sein – meint Immidimmi. Immidimmi selbst sieht jedoch wenige Gründe dafür, einem anderen Wesen zu verzeihen, welches ihm Unrecht zugefügt hat. Macht dieses „niederträchtige Wesen“, jedoch seine Schuld wieder gut, so kann Immidimmi schon mal ein Auge zudrücken und verzeihen. Keiner soll meinen, Immidimmi habe nicht ein großes Herz und es verfügt auch über ein gutes Einfühlungsvermögen. Nur durch dieses kann Immidimmi andere motivieren, seinen Wünschen und Bedürfnissen nachzukommen. Es weiß, welchen Emotionsknopf es bei seinen Mitgeistchen drücken muss, um das von ihm gewünschte Verhalten zu erwirken. Immidimmi kann sein Mitgefühl jedoch sehr gut ausschalten, hier hat es selbst einen entsprechenden Schalter. Besteht für

ein Geistchen wie Immidimmi doch die unabdingbare Notwenigkeit, rational und nicht emotional seine Entscheidungen zu treffen.

Im Allgemeinen macht sich Immidimmi wenige Gedanken darüber, was andere über es denken. Angakanga beneidet Immidimmi darum sehr, denn Immidimmi kann sich auch so gut selbst bestätigen, sich sagen, wie gut es alles macht und Misserfolge einfach ungeschehen machen. Als ein fähiges MitarbeiterInnengeistchen vor einigen Jahren die Firma verlassen hatte und sich selbstständig machte, erzählte Immidimmi allen, es habe diesem Geistchen nahegelegt, zu kündigen, da es der Stress in der Firma Fabiaosman auf Dauer kaputt machen werde. Den Erfolg dieses nun selbstständigen Geistchens minimiert Immidimmi, indem es auf dessen emotionale Instabilität hinweist und diese werde sich über kurz oder lang auch in dessen eigener Firma auswirken. Immidimmi meint es gut, es will nur das Beste für sich und seine MitarbeiterInnen. Sollten Sie hier Neid hineininterpretieren, liegen Sie falsch. Wie kann ein Wesen, das so großartig, einzigartig und die Autorität in seinem Fach ist, Neid empfinden? Neidisch sind höchstens andere auf Immidimmi und davor fürchtet es sich fast ein bisschen.

Infolge seiner internationalen Beziehungen, wurde Immidimmi gebeten, sich von einem Journalistengeistchen einer weltweit bekannten Zeitschrift durch einen Arbeitstag begleiten zu lassen und ein Interview zu geben. Zur Vorbesprechung wurde das Journalistengeistchen in Immidimmis Firmenresidenz beordert. Trotz Termin wartete das Journalistengeistchen eine Stunde, bevor es in die großen, sonnendurchfluteten Arbeitsräume des Vorstandsbüros zur Audienz vorgelassen wurde.

An besagtem Tag folgte das Journalistengeistchen Immidimmi dann als Schatten und dokumentierte Immidimmis verantwortungsreiches Wirken detailgenau.

Hier finden Sie Auszüge aus der Dokumentation des Journalistengeistchens. Die kursiv gesetzten Textzeilen sind Anmerkungen des JournalistInnengeistchens, welche nicht für die Veröffentlichung gedacht sind.

7:30 MitarbeiterInnenkonferenz. Der Konferenzraum ist ein in dezenten Grautönen gehaltener, großer Raum (Flair und Geruch eines Besucherraumes einer Haftanstalt. Um diesen Raum wirklich effizient auch außerhalb von Konferenzen zu nutzen, haben hier einige ganz „niedere" Geistchen ihren Arbeitsplatz). Alle Geistchen warten auf das Eintreffen von Immidimmi. Immidimmi erscheint zehn Minuten nach der Beginnzeit. Da es ein wichtiges Wesen im Stiegenhaus getroffen hatte mit dem es eine gute Sache für seine MitarbeiterInnen ausgehandelt hatte, verzögerte sich sein Eintreffen. Schon vor dem Frühstück setzt sich Immidimmi für das Wohl seiner Mitgeistchen ein.

7:40 Die MitarbeiterInnenkonferenz hat zum Thema, welche Aufgaben, die Geistchen übernehmen, um eine neue Firmenhomepage zu erstellen. Immidimmi referiert als hervorragendes Rhetorikgeistchen lange, plakativ und ausführlich und verteilt auf diesem Weg charmant die diversen Aufgaben. In zwei Tagen erwartet Immidimmi die Ergebnisse. „Zu kurz" meint ein anwesendes Geistchen. Immidimmi lächelt und meint schulterklopfend „Ach das schaffen Sie schon, ein Tag hat 24 Stunden – ich bringe die Arbeit von 48 Stunden in 24 Stunden unter, so werden Sie doch diese paar Seiten in zwei Tagen erarbeiten können – oder soll ich mich gar in Ihrer Motivation und Fähigkeit getäuscht haben?"

8:15 – 10:30 Wenn Immidimmi nicht gerade in seinem Büro wichtige Arbeiten durchführt, flitzt es durch die Gänge und Arbeitszimmer, ist besorgt um seine MitarbeiterInnen und beobachtet mit Argusaugen, woran sie arbeiten und ob sie vielleicht seine Unterstützung benötigen, z.B. in Form von Ideen, wie man Arbeit effizienter und zeitsparender bewältigen kann.

11:00 Dem SekretärInnengeistchen gibt Immidimmi 70 Vorlagen, aus denen dieses in vier Stunden eine Kraft-Punkt-Präsentation am PC gestalten soll. Das SekretärInnengeistchen arbeite so gerne mit dem Kraft-

Punkt-Programm, da wolle Immidimmi ihm diese Arbeit nicht vorenthalten. (Frage: „Auch wenn es das unter solchem Zeitdruck und neben der laufend anfallenden Sekretariatsarbeit machen muss?“ Immidimmi blickt vorwurfsvoll und schüttelt den Kopf, ob der scheinbar unangebrachten Frage.)

12:30 Nach den unzähligen wichtigen Aufgaben und dringenden Terminen, die Immidimmi täglich zu erledigen hat, findet es nun Zeit für das Interview.

Wundern Sie sich nicht, dass ähnliche Interviews auch in Tageszeitungen zu finden sind, wie z.B. jenes mit dem Generaldirektor der Österreichischen Post in „Der Standard“. Die Erdgeistchenwelt und die Menschenwelt sind Parallelwelten, in denen Menschen und Erdgeistchen zur selben Zeit identisch sprechen und sich identisch verhalten. Ähnlichkeiten sind jedoch rein zufällig, die Wesen sind nicht miteinander verwandt, sie wissen auch nichts voneinander und sie gehen völlig unterschiedlichen Tätigkeiten nach.

J steht für das Journalistengeistchen, I für Immidimmi:

J: Das ist Reinhold Messner, da neben Ihnen auf dem Foto?!

I: Ja. Fabiaosman war Sponsor eines Basis-Camps am Mount Everest und ich habe ihm nach der Besteigung seine persönliche Sanhalenrohse überreicht. Schauen Sie, das war heuer: Gerlinde Kaltenbrunner und ich. Und daneben ...

J: Da sind Sie ja bei der Lesung aus Ovids „Narziss und Echo“ auf der Burgtheater-Bühne. Man sagt, das ganze Leben sei Theater. Ihres hier auch?

I: Wir haben hier nicht Theater, sondern jeden Tag Premiere – ohne Probe.

J: Sie wollten ohnedies auch einmal RegisseurInnengeistchen werden, habe ich gehört?!

I: Ja, aber TheaterregisseurInnengeistchen ist nicht so anstrengend wie Fabiaosman ChefInnengeistchen. Es muss zwar Tag und Nacht arbeiten vor einer Premiere, aber dann ist's vorbei. Bei uns muss man immer ins kalte Wasser springen.

J: Als Erdgeistchen mit zahlreichen Abschlüssen von renommierten Universitäten schreiben Sie auch Lehrbücher über Architektur, Sportwissenschaften, Informatik und Veterinärmedizin, weil Ihnen die der ProfessionistInnenengeistchen zu dilletantisch erscheinen ...

I: Ja, hier sind meine Werke, suchen Sie sich doch eines aus, ich signiere es Ihnen auch!

J: Wie würde denn ein Statement über Immidimmi als Führungsgeistchen von Fabiaosman aussehen?

I: Es habe alles erreicht, was man mit diesem Unternehmen in zehn Jahren erreichen konnte: Stand-alone trotz lauten Rufs nach strategischen PartnerInnen ...

J: Sie waren viele Jahre ObermacherInnengeistchen in erfolgreichen Unternehmen, dann ein Führungsgeistchen beim Konzern Akahakakan und nun zehn Jahre bei Fabiaosman. Warum ist Letzteres Ihr liebster Job?

I: Weil ich VorstandsdirektorInnengeistchen bin.

J: Sie wollten also unbedingt Erstes Geistchen sein?

I: Ich wusste, das man aus dem Unternehmen, das Fabiaosman zu Beginn war, mit modernen Managementmethoden etwas völlig Neues machen konnte.

J: Sie selbst haben in all den Jahren keinen Fehler gemacht?

I: Ich habe keine Fehler gemacht. Ich habe immer versucht, das Beste für meine Belegschaft und Fabiaosman zu erreichen. Ich veranstalte Klausuren zur Teambildung und MitarbeiterInnenmotivation in günstiger Umgebung wie z.B. in Stimmungsbergen. Ich fördere jede nur mögliche Fortbildung für mein gesamtes Team – vom Putzgeistchen hin bis zu den Obermachergeistchen.

J: Sorry, dass ich sprunghaft bin, aber was hat es mit Ihren Kopf- und Schwanz-Federn da auf sich?

I: Das sind die Federn eines meiner Vorfahrengeistchen. Es war Überflieger bei der königlich maximillianischen Flotte. Meine Familie bewegte sich immer schon auf der Bühne des Lebens und der Gesellschaft, natürlich ohne dabei auf das einfache Volk und die sozial Schwachen zu vergessen.

J: Warum mögen Sie eigentlich Theater und Bühne so?

I: Es hat mich immer fasziniert. Mich fasziniert auch mein Auftreten, egal, ob vor 13 oder 500 ManagerInnengeistchen. Ich trete gern auf und vermittle einem Publikum gern, was mir wichtig ist. Das liegt mir einfach.

J: Sie dirigieren eben gern?

I: Nein, ich dirigiere nicht. Aber ich fechte. Ich habe schon als Kind gefochten. Und heute fechte ich auf der Plattform des Lebens die täglichen Kämpfe eines VorstandsdirektorInnengeistchens aus. (Lächelt ob seines Wortwitzes)

J: Haben Sie schon einen eigenen Hund? Man erzählt sich, Sie borgen sich zum Spazierengehen immer wieder fremde Hunde aus.

I: Ich bin noch nicht bereit, Verantwortung für einen Hund zu übernehmen.

J: Das verstehe ich nicht, Sie haben 27.000 Leute unter sich, scheuen aber die Verantwortung für einen Hund?

I: Ein Hund wird sozusagen nie erwachsen, das Management habe ich mir erziehen können.

Sie haben Immidimmi nun recht gut kennengelernt. Ob Sie dieses Geistchen mögen oder nicht, steht nicht zur Debatte, es mag sich selbst ausreichend und ist nicht auf Ihre Zuneigung angewiesen.

Haben Sie mit Wesen, die Immidimmi ähnlich sind zu tun, ist es von Vorteil die eigenen Fähigkeiten und Stärken nicht zu sehr zu zeigen oder zu betonen. Besser man schweigt über eigene Erfolge und den eigenen Status. Treten Sie ein Schrittchen oder wenn es Ihnen nicht allzu schwer fällt, einen großen Schritt zurück. Stellen Sie sich in den Schatten dieses großartigen Wesens und bringen Sie Ihre Dankbarkeit dafür zum Ausdruck, dass Sie dieser Schatten vor Sonnenschäden schützt. Egal was Sie über Kritik gehört haben, unterlassen Sie solche, auch wenn Sie diese noch so konstruktiv formulieren können.

Sollten Sie dazu tendieren, hilfsbereit und einfühlsam zu sein, gehen Sie mit diesen wertvollen Gütern sparsam um. Nutzen Sie diese Ressourcen für Ihnen nahestehende Wesen, bei denen sich Geben und Nehmen im Gleichgewicht hält. Bedenken Sie immer, wer einem Wesen das Immidimmi ähnlich ist, einmal eine Gunst erweist, hat damit seine Seele verkauft und muss diese Gunst, die für dieses Wesen eine Selbstverständlichkeit darstellt, immer wieder erweisen.

Markieren Sie daher auch Ihr Territorium eindeutig, aber unauffällig – ähnlich wie ein Kater – unsichtbar aber infolge des strengen Geruchs nicht zu ignorieren. Unterlassen Sie es jedoch den Immidimmis dieser Welt „ans Bein zu pinkeln“ – auch dann, wenn diese nicht in Führungspositionen agieren.

Anerkennung und Lob saugen Wesen mit Immidimmis Persönlichkeitszügen hingegen gierig auf. Nutzen Sie diese Gier und halten Sie sich an die Weisheiten von Francois de La Rochefoucauld:

„Nur wenige Menschen sind klug genug, hilfreichen Tadel nichtsagendem Lob vorzuziehen.“

„Wenn man an Fürsten Eigenschaften lobt, die sie nicht besitzen, ist dies eine Art, sie zu beleidigen.“

Uglumuglu

Uglumuglu Uglumuglu Uglumuglu Uglumuglu Uglumuglu Uglumuglu Uglumu

Uglumuglu Uglumuglu Uglumuglu Uglumuglu Uglumuglu Uglumuglu Uglumuglu

Uglumuglu

Uglumuglu Uglumuglu **Uglumuglu** Uglumuglu **Uglumuglu** Uglumuglu **Uglumuglu** Uglumuglu Uglumuglu **Uglumuglu** Uglumuglu **Uglumuglu** Uglumugl
Uglumuglu Uglumuglu **Uglumuglu** Uglumuglu **Uglumuglu** Uglumuglu **Uglumuglu** Uglumuglu Uglumuglu **Uglumuglu** Uglumuglu **Uglumuglu** Uglumugl

Uglumuglu ist das älteste der Erdgeistchenfamilie – es hat sozusagen die Position einer Urvatermutter (Mangels Binnen-I-Möglichkeit setze ich diese Wortneuschöpfung ein) und aufgrund seiner großen Lebenserfahrung kann es alles sehr schnell erledigen. Uglumuglu ist der Ausdruck von Energie und Wachheit in Erdgeistchen-Person. Es schafft sehr viel in kurzer Zeit, arbeitet immer zielgerichtet und ist dabei sehr auf Exaktheit bedacht.

Es denkt schnell, es spricht schnell und es wuselt fürchterlich schnell durch die Gegend. Trotzdem es so effizient lebt und arbeitet, hat es immer Probleme mit der Zeit. Es wirkt ständig gehetzt und steht dadurch in Wettstreit mit sich selbst, um in möglichst kurzer Zeit, möglichst viel zu erreichen.

Es zeichnet sich durch einen festen Händedruck, einen entschlossenen Gang und eine energischen Stimme – so manches Mitgeistchen nimmt diese mitunter auch als laut wahr – aus. Durch seine Ungeduld und sein rasantes Tempo hat Uglumuglu eine Unart entwickelt, welche sich in Gesprächen mit anderen Wesen sehr deutlich zeigt. Bevor seine GesprächspartnerInnen ihre Frage gestellt oder ihren Satz beendet haben, fällt Uglumuglu ins Wort. Zwar nimmt es den Faden auf und geht auf das Gesagte ein, aber die Mehrzahl seiner Mitgeistchen ist ihm einfach zu langsam – da wird Uglumuglu ganz kribbelig. Mimik und Gestik dieses Geistchens sind sehr ausdrucksstark, so benutzt es häufig seine Faust oder seine Finger um seine Aussagen zu betonen. Auch fallen seine Antworten hin und wieder abrupt und einsilbig, ähnlich einem Pistolenschuss, aus und werden auch noch unterstrichen von einem „Ja!", „Nie!" „Definitiv!", „Genau" oder „Absolut".

Uglumuglu ist nie hin und weg infolge seiner aufkommenden Gefühle, es kontrolliert sich hierbei sehr stark. Emotionen verarbeitet dieses Geistchen internal, also es schluckt, schiebt, stopft und beutelt seine Gefühle in ein Seelensäckchen in seinem Inneren. Wenn Sie sich jetzt vorstellen, Sie gehen einkaufen und nehmen bei der Kasse, aus ökono-

mischen Gründen die kostenfreien Obstbeutel, so kann dies bei einem kleinen Einkauf sinnvoll sein. Sind jedoch sperrige Dinge dabei oder die Beutel sind wieder einmal fehlerhaft und reißen an den Schweißstellen oder sie packen in ein perfekt verarbeitetes Säckchen Unmengen hinein, dann hat dies fatale Folgen. So passiert das auch mit den Gefühlen. Kleine Gefühlsmengen haben Platz im Seelenbeutelchen – sperrige Gefühle oder große Mengen lassen diesen fiktiven Beutel platzen und die Gefühle verteilen sich in wildem Durcheinander im Körper und verursachen in den verschiedenen Organen Turbulenzen. Diesen Prozess nennt man „somatisieren", das bedeutet, dass sich Gefühle, wenn sie vom eigenen Produzenten nicht wahrgenommen oder verdrängt werden, als körperliche Symptome Gehör verschaffen können und das betroffene Wesen dann in Form einer körperlichen Erkrankung aufgefordert wird, sich mit seinem Körper und seinen Gefühlen auseinanderzusetzen. Dieser Ablauf ist natürlich nicht so einfach wie er hier beschrieben wird, es handelt sich viel mehr um wissenschaftlich nachgewiesene, hochkomplexe biochemische Vorgänge im Körper.

Als Uglumuglu vor einiger Zeit aufgrund eines plötzlichen Schwindelanfalls ein Arztgeistchen aufsuchte und dieses Uglumuglu über „psychosomatische Reaktionen" informierte, wehrte es diese Sichtweise entschieden zurück. „Es sei doch kein Schwächlinggeistchen und schon gar kein Loser!" – und Uglumuglu hat damit auch vollkommen recht!

Körperliche Reaktionen, als Antwort auf viele Herausforderungen, Anforderungen und gefühlsmäßig aufwühlende Ereignisse treten nicht bei Schwächlingen oder Losern auf, sondern bei Wesen mit der Bereitschaft und Fähigkeit große Hinkelsteine aus Belastungen des Alltags mit sich zu tragen und damit auch noch einen Marathon zu laufen. Ihr Leitsatz ist „Geht noch, geht noch, geht noch! – die anderen schaffen das doch auch locker." Dass „die Anderen" aber nie völlig identische Situationen und Lebensgeschichten haben und sich vielleicht auch nicht ein

Schild mit der Aufschrift „Bin sehr belastet, aber man sieht es mir nicht an." umhängen, daran denken die Uglumuglus dieser Welt nicht!

Wesen wie Uglumuglu haben nämlich ein stark ausgeprägtes Leistungsdenken und sehen sich ohne ausreichende Aufgabenstellungen als untätig oder gar faul und messen sich so auch bezüglich dem Aushalten von Anforderungen, mit ihrem Umfeld. Sie fühlen sich somit ständig herausgefordert, sich und die Umwelt unter Kontrolle zu bringen, und können daher wenige Dinge „einfach nur so" geschehen lassen.

Es ist eines, Energie, Kraft und Durchhaltevermögen zu haben, aber es ist etwas ganz anderes, überdurchschnittlich intensiven, lang anhaltenden und häufigen Herausforderungen und Anforderungen mit 100%iger Perfektion nachzukommen.

Uglumuglu legt sich bei allem was es tut mit mehr als 100% ins Zeug. Dieses Geistchen zeigt großen Einsatz beim Handeln, es ist hochproduktiv und kann seine Mitgeistchen gut motivieren und mobilisieren. Nicht nur bei der Arbeit, sondern auch in der Freizeit zeigt Uglumuglu dieses Verhalten.

Kritisch ist dieses Verhalten auch bei jenen Wesen, die infolge der situativen Gegebenheiten nicht wahrnehmen, dass die allgemein definierte Freizeit bei ihnen eigentlich vorwiegend auch Arbeit beinhaltet – auch wenn sie diese gerne und mit Liebe verrichten. Hier wären beispielsweise Mütter mit und ohne Teilzeitjob oder gar mit Vollzeitjob – alle haben auf unbefristete Zeit einen 24-Stunden-Arbeitstag-Vertrag unterzeichnet. Diese Berufung oder Aufgabenstellung fordert von sich aus bereits unabdingbare Aspekte von Uglumuglus Verhaltensstil – was aber dann, wenn Mütterwesen einen solchen auch noch verinnerlicht haben!? Auch Wesen die in sozialen Berufen stehen, laufen mit Uglumuglus Verhalten leichter Gefahr, in ein Burnout zu schlittern.

Da Uglumuglu ein lebenserfahrenes und kluges Geistchen ist, hat es über das Gespräch mit dem Arztgeistchen gut nachdacht. So konnte es sich daraus mitnehmen, dass es wichtig und eigentlich ja logisch ist, Ter-

mine mit sich selbst, genau so penibel einzuhalten, wie Arbeitstermine. Auch gesteht es sich, wenn auch noch sehr zögerlich, ein, dass es in der letzten Zeit noch mehr und dadurch noch schneller gearbeitet und dabei die eigenen Bedürfnisse stark vernachlässigt hat. Hinzu ist auch noch gekommen, dass es in den letzten zwei Jahren umgezogen ist, ein geliebtes nahestehendes Geistchen zuerst lange krank war und dann gestorben ist, der Lärm einer Baustelle vor seinem Fenster gewütet hatte, es viele Konfliktsituationen gegeben hatte, gleichzeitig Gebrauchsgegenstände kaputt gingen und es so finanzielle Belastungen hatte und eine Situation der Ungewissheit bezüglich seines Arbeitsplatzes bestanden hat. Eigentlich lauter Ereignisse die das Leben so mit sich bringen kann, ohne dass sie jemand verhindern kann. Life Events, wie sie das Arztgeistchen nannte. Sie sind nicht planbar und nicht zu verhindern und können bei Wesen wie Uglumuglu Gefühle von Hilflosigkeit hervorrufen sowie das Empfinden die Kontrolle über sich und sein Leben einzubüßen. Aber da Uglumuglu ja nie hin und weg infolge seiner aufkommenden Gefühle sein will, versucht es auch diese Gefühle zu unterdrücken, indem es sich mit vielen Terminen und Arbeit ablenkte und bedacht darauf war, nur ja nicht zuviel Zeit zum Nachdenken zu haben, womit es diese Gefühle zu wecken drohte.

Das alles hat auch dazu geführt, dass Uglumuglu seit mehr als einem halben Jahr nicht mehr Kugeln gegangen ist. Kugeln ist eine Sportart bei den Erdgeistchen, die, wie das Wort schon sagt, ein Fortbewegen mittels Kugelbewegungen darstellt. Da Erdgeistchen sehr kurze Beine, aber einen prallen kugeligen Rumpf haben, kommt ihnen diese Sportart mehr entgegen als Laufen. Außer Angakanga, dieses Geistchen formt sich zu einem Art „Hulla-Reifen“ und rollt dann des Weges.

Beim Kugeln entspannt sich Uglumuglu ungemein. Es kugelt sich sein Hirn von schweren Gedanken frei und spürt seinen Körper auch angenehm intensiv bei den gleichmäßigen Rollbewegungen. Ja, sagt sich

Uglumuglu, es muss wieder regelmäßig gekugelt werden, egal welche Pflichten rufen, schreien oder gar brüllen mögen!

Kugeln ist auch für Menschen sehr entspannend. Sie haben noch nie gekugelt? Das will ich doch nicht hoffen! Als Kind haben Sie vermutlich etwas mehr gekugelt, als im Erwachsenenalter. Sicher haben Sie sich in den Schulstunden öfters mit FreundInnen ZER-KUGELT – vor lachen. Wenn sich der Mensch ZERKUGELT vor Lachen, so ist das eine der höchsten Formen der Entspannung. Denn, wenn wir herzhaft Lachen, so können wir dabei an nichts anderes denken. Unser Hirn ist frei und unser Körper entspannt. Alle Wesen werden durch Lachen zufriedener, kreativer und spontaner. Außerdem lenkt es von Schmerzen ab und senkt die Stresshormone Adrenalin und Kortisol. Das Psychotherapeutengeistchen Michael Titze, betont in seinen Arbeiten immer wieder die heilende Kraft des Lachens. So wird durch das Lachen die Atmung stark angeregt, wodurch es zu einem beschleunigten Austausch von verbrauchter und mit Sauerstoff angereicherter Luft kommt. Dadurch werden die Verbrennungsvorgänge im Körper gefördert. Weiters wird der Herzschlag zunächst beschleunigt, um sich bald deutlich zu verlangsamen, so dass der Blutdruck gesenkt wird. Die Muskulatur entspannt sich. Insgesamt kommt es zu einer besseren Durchblutung, Stresshormone werden abgebaut und die Verdauungsdrüsen angeregt. Aber auch das körpereigene Immunsystem wird durch Lachen aktiviert. So können Blutinhaltsstoffe die für die Immunabwehr wichtig sind deutlich vermehrt werden. Auch T-Zellen, die den Körper gegen viele Krankheitserreger schützen, nehmen durch das Lachen zu. Selbst einige Tage nachdem ein Wesen herzlich gelacht hat, sind höhere Werte von körperlichen Abwehrstoffen feststellbar, als bei jenen, die in den letzten Tagen keinen Grund zum Lachen hatten.

Lachen wird auch als der größte Feind des Stresses bezeichnet, da statt Stresshormonen Glückshormone, sogenannte Endorphine, ausgeschüttet

werden. Es wird angenommen, dass selbst unter größten Arbeitsbelastungen sich auf diese Weise Verspannungen lösen können. Warum?

Probieren Sie aus: Nehmen Sie eine traurige, in sich zusammengesunkene Körperhaltung ein und ziehen Sie dabei die Mundwinkel zu einem Lächeln hoch. Gelingt Ihnen das leicht? Wenn nicht, haben Sie eine Erklärung für das Warum. Wer die Mundwinkel hochzieht, richtet sich automatisch auf und vermeidet so eine traurige Grundhaltung.

Auch gegen Verstopfung, Kopfschmerzen und Schlaflosigkeit soll herzhaftes Lachen wirken und es soll auch ein wirksames Mittel gegen die Frühjahrsmüdigkeit sein. Lachforscher fanden heraus, dass eine Minute Lachen ebenso erfrischend sein soll, wie 45 Minuten Entspannungstraining.

Uglumuglu hat sich deshalb vorgenommen, nicht nur wieder regelmäßig zu Kugeln, sondern sich auch wieder ganz oft zu zerkugeln. Da es gerade beim Zerkugeln angenehm ist, sich von anderen anstecken zu lassen, um diese dann wiederum zu infizieren und schließlich dem Ersticken nahe, keuchend und herrlich erschöpft, nach Luft zu ringen, will Uglumuglu bald seine FreundInnen zum Plaudern, Spaß haben und Zerkugeln treffen.

Alle seine Sinne will Uglumuglu in Zukunft bewusst einsetzen, um bewusst Genussmomente erleben zu können. Als Uglumuglu seinen Vorsatz, sich selbst Gutes zu tun, in Form eines entspannten Buchhandlungsschmökerbesuches umsetzte, entdeckte es das Buch „Mit allen Sinnen leben. Tägliches Genusstraining“. Da der Verlagsname bei Uglumuglu sofort Assoziationen wie Urlaub in Salzburg, Schifahren, Erholung, Sommer, Sonne, Schwimmen, Faulsein, Entspannen und noch viel mehr Angenehmes hervorrief und der Buchinhalt sich genau mit diesen Themen auseinandersetzte, kaufte es das Buch um sich damit entschleunigt und gemütlich an einen schönen Ort zu setzen und mit dem Lesen zu beginnen.

Seine Energie und seine Disziplin werden Uglumuglu beim Entschleunigen und Entspannen hilfreich sein, um seine regelmäßigen Termine mit sich selbst einzuhalten und dem Sprichwort unbekannten Ursprungs zu folgen:

„Wir sollten viel öfter von ganzem Herzen etwas tun, das kein Ziel verfolgt, keine Eile hat und sich nicht lohnen muss."

Wachküssen

Von wem möchten Sie nun, am Ende dieses Buches, gerne wach geküsst werden, um sanft und angenehm die Welt der Magie zu verlassen und wieder in die Realität zurückzukommen?

Welches Wesen Ihnen jetzt auch immer durch den Kopf gehen mag, eines ist gewiss, es ist ein Wesen mit liebenswerten Zügen, aber ebenso mit Kanten und Ecken. Denn es gibt kein Wesen, das „perfekt" ist, zumal für jeden „perfekt" etwas anderes bedeutet. Auch wenn Sie sich vielleicht eben gewünscht haben, von Ihrem Hund oder Ihrer Katze mit einem nassen Schnauzenstubs wachgeküsst zu werden, sogar diese Lebewesen haben ihre Eigenheiten. So würde ich das auf jeden Fall von meiner Katze behaupten, wenn Sie mir den Schinken unmittelbar während ich abbeiße vom Brot klaut, in der Früh um 4:30 beginnt Futter oder Spielen einzufordern oder sich täglich beim Frühstück auf meine Zeitung legt. Ich empfinde es mittlerweile schon als einen sehr netten Zug von ihr, wenn Sie mich bis zum Mittelteil lesen lässt und sich erst dann katzenbuckelnd, streckend und gähnend auf dem lachsfärbigen Zeitungspapier genüsslich hinfläzt.

Menschen, wie Erdgeistchen können, wenn es um „Freundes- und Liebeswesen" geht, oft sehr viel tolerieren. Ebenso weisen viele Wesen zur Sicherung der eigenen Existenz ein regelrechtes Toleranzhochhaus auf, indem sie verhaltensauffällige Vorgesetzte und die dazugehörige kulturlose Firmenkultur ertragen.

Leider – oder, wenn man es sich genau überlegt, zum Glück – kann niemand das Verhalten oder den Persönlichkeitsstil von Mitwesen ändern, außer diese selbst. Zum Glück deshalb, weil ich denke, dass jede

Person von irgendjemand auf dieser Welt, mit dem sie zufällig einmal zusammentrifft, als unsympathisch eingestuft wird. Somit bestünde hier dann die Gefahr, auch selbst von Fremden verändert zu werden – und das will sicher niemand?!

Andere nicht verändern zu können, heißt aber nicht, sich alles gefallen lassen zu müssen, was einem geboten wird. Einige spezielle Strategien im Umgang mit den verschiedenen Persönlichkeitsstilen haben Sie ja bereits bei den einzelnen Erdgeistchen kennengelernt. Nun möchte ich Ihnen noch Strategien und Tricks verraten, die im Werkzeugkoffer unserer alltäglichen Verhaltensweisen recht hilfreich sind.

Je besser Sie sich selbst kennen, umso leichter wird es Ihnen fallen in brenzligen Situationen gezielte Strategien einzusetzen. Kennenlernen kann man sich durch Selbstreflexion. Jene Wesen, die ausreichend über die Fähigkeit zur Selbstreflexion verfügen, betrachten diese leider als etwas Selbstverständliches. Das führt dazu, dass sie eine solche auch von ihren Mitwesen erwarten und dann oft sehr erstaunt oder gar enttäuscht sind, wenn dem nicht so ist. Nicht jeder Mensch verfügt über die Fähigkeit zur Selbstreflexion!

Aber auch wenn Sie über eine gute Selbstreflexion verfügen und ein differenziertes Selbstbild aufweisen, unterscheidet sich dieses immer in einigen Punkten von einem Fremdbild – also jenem Eindruck, den Sie bei Ihren Mitwesen hinterlassen. Das ist weder gut, noch schlecht, sondern eine Tatsache. Von dieser man bei Bedarf jedoch profitieren kann, wenn man sein Fremdbild erfragt und hinterfragt, da man sich so wieder ein Stückchen neu kennenlernt.

Selbstreflexion kann man natürlich auch lernen und fördern z.B. in Form einer Selbsterfahrung bei PsychotherapeutInnen. In jeder Psychotherapie ist Selbstreflexion auf jeden Fall ein wichtiges Unterfangen.

Eine heitere, kreative und kurzweilige Selbstreflexionsaufgabe ist es, das Wort ICH zeichnerisch zu gestalten. Wenn Sie dazu Lust haben, machen Sie Folgendes:

Schreiben Sie das Wort ICH auf ein Blatt A4-Papier und versuchen Sie durch die Form der Buchstaben, durch Farben, Muster und durch die Ausgestaltung, sich selbst darzustellen. Horchen Sie einfach ein wenig in sich hinein und lassen Sie sich von Ihrem Gefühl dafür leiten, was Sie an Formen, Farben, Mustern, Dingen usw. gerne haben. Bewerten Sie Ihre Zeichnung jedoch nicht, denn wenn ein Mensch sich sein ICH vorstellt, so kann dies weder schön, noch hässlich sein, sondern einfach nur die Sichtweise von sich selbst darstellen. Falls meine Anleitung zu unklar ist, finden Sie nachfolgend drei verschiedene „ICH'S" abgebildet.

Wenn Sie damit fertig sind, überlegen Sie sich noch vier Punkte:

- Wie habe ich mich während des Zeichnens gefühlt?
- Wie ist es für mich gewesen, mein ICH zu zeichnen?
- Wo finde ich mich in meiner ICH-Darstellung wieder?
- Wie ist es für mich, Gefühle zu ergründen und in dieser Form auszudrücken?

Möchten Sie auch das magische Selbstreflexions-Experiment „Wenn ich ein allmächtiges Wesen wäre“ ausprobieren? Dann stellen Sie sich vor, dass Sie das allmächtigste, allwissendste Wesen dieser Welt sind und ergänzen aus dieser Position heraus die folgenden Sätze:

Wenn ich das allmächtigste Wesen wäre, würde ich:

Akzeptieren, dass

Achtung haben vor

Verstehen, dass

Weiterhin beibehalten

Folgendes ändern

Planen, dass

Verbieten, dass

Folgendes bekämpfen

Schutz bieten für

Froh sein darüber, dass

Damit beginnen

Ich
Kind der Eltern
Erwachsener
Enkelkind
PartnerIn
ArbeitnehmerIn
UmweltschützerIn
Geschwister
LäuferIn
FreundIn
TierbesitzerIn
Selbstständige/r
KundIn / KlientIn
Onkel / Tante
Nichte / Neffe
Cousin / Cousine
StaatbürgerIn
ArbeitskollegIn
RollenspielerIn
NachbarIn
Mutter/Vater

Wenn Sie damit fertig sind. Überlegen Sie auch das „Warum“, d.h. analysieren Sie Ihre eigene Intention hinter Ihren Satzergänzungen und suchen Sie sich danach drei Vorhaben aus der Liste aus, die Ihnen am wichtigsten wären.

Sie können dieses magische Experiment auch FreundInnen durchführen lassen und dann gemeinsam darüber diskutieren. So lernt man auch die anderen besser kennen.

Jeder Mensch besitzt mehrere Identitäten, ohne dazu gefälschte Pässe zu benötigen. Wenn Sie willig sind, noch ein Experiment Ihre Identitäten betreffend zu wagen, erstellen Sie nun Ihr eigenes Identitätsdiagramm. Ein Beispiel sehen Sie in der Abbildung links.

Abhängig davon, welche unserer Identitäten gerade im Einsatz ist, haben wir ganz verschiedene Aufgaben, Rechte und Pflichten sowie wir uns unterschiedlich verhalten und agieren. So werde ich als Schwester zu meinem Bruder in einer Diskussion ohne Konsequenzen „bist du wahnsinnig“ sagen dürfen, während mir das als ArbeitnehmerIn zu einem Vorgesetzten, auch in der höflichen Form „sind Sie wahnsinnig“, unangenehme Folgen bescheren kann.

Um solche zu vermeiden, ohne vor Ärger zu zerplatzen oder sofort zu einer Aufforderung Ja zu sagen, gibt es einen ganz einfachen Trick: FRAGEN. Das ist nun kein Anagramm, sondern schlicht und einfach das, was es ist.

„Wer fragt, führt das Gespräch.“
Verfasser unbekannt

Fragen, wie Gegenfragen haben eine magische Wirkung, der sich nicht einmal Vollblutrealisten entziehen können – sie schaffen immer Zeit. Wofür jemand diese Zeit nutzt, kann unterschiedlich sein:

- Zeit um seinen Ärger unter Kontrolle zu bringen.

- Zeit um eine Kränkung mit einem imaginären Pflaster zu versorgen.
- Zeit um sich und seine Gedanken zu sammeln.
- Zeit um später eine passende Aktion zu setzen.
- Zeit um Mut zu sammeln, einmal Nein zu sagen.
- Zeit um Mut zu sammeln, einmal Ja zu sagen.

Eine ganz gefährliche Frage ist jedoch „Haben Sie Zeit?" Auf eine solche ehrlich mit Ja zu antworten, kann zur Folge haben, dass Sie plötzlich mit viel mehr Aufgaben da stehen, als Sie tatsächlich an Zeit zur Verfügung haben. Darum ist es wichtig, auf diese Frage grundsätzlich nie mit Ja zu antworten, sondern nachzufragen „Wie viel Zeit soll ich wofür haben?".

Egal ob Ihnen beim Telefonmarketing ein Lottogewinn angepriesen wird mit der Frage „Möchten Sie diese Chance nutzen …" oder in der Feinkostabteilung „Darf es ein bisserl mehr sein?" oder in der Arbeit „Kannst du mir helfen …?". Fragen Sie „Warum", „Wozu", „Wie viel", „Wie lange", „Weshalb" und welche W-Fragen Ihnen sonst noch einfallen. Das dient alleine schon der der Übung, vom zu raschen „Ja" wegzukommen. Natürlich können Sie, wenn es Ihr Bedürfnis ist, dann immer noch Ja sagen.

Wesen, die über ein hohes Selbstfürsorgepotential verfügen und daher auch nicht vor Hilfsbereitschaft platzen, wenden diese Technik bereits intuitiv an.

Eingangs führte ich an, dass niemand einen anderen verändern kann. Nur eine Person selbst kann sich ändern. Jedes denkende Wesen kann sein eigenes Verhalten verändern. Dadurch kann mein Gegenüber nämlich plötzlich gefordert sein, auch sein Verhalten und seine Reaktionen zu ändern.

Eine weitere mögliche Strategie ist, wie bereits erwähnt, das Fragen. Um auf eine Frage nicht unweigerlich mit einer Gegenfrage zu agieren, kann man auch antworten „Darüber muss ich noch ein bisschen genauer nachdenken".

Eine andere ist es, zu probieren, wenn ich mich über jemanden ärgere, diesen anzulächeln oder zu lachen, statt meinen Ärger zu zeigen – das macht mächtig!

Alle menschen- oder erdgeistchenmöglichen Strategien aufzuzählen, wäre schlichtweg unmöglich, zumal diese auch ganz individuell an die Situation und die speziellen Wesen anzupassen sind. Ich gehe jedoch davon aus, dass Sie liebe LeserInnen, über eine hohe Selbstreflexion und gute psychische Ressourcen verfügen und Ihnen somit immer viele verschiedene Möglichkeiten einfallen.

Kommt es jedoch einmal dazu, dass man sich bei einer Lösungssuche zu lange im Kreis dreht, kann eine psychologische oder psychotherapeutische Beratung helfen, dabei nicht ganz schwindlig zu werden.

Oft machen Menschen etwas nur aus dem Grund, weil MAN es tut, denn „was würden sonst die anderen über einen denken". Ja was denn? Wenn Sie eine lange Straße von Anfang bis zum Ende durchschreiten und es begegnen Ihnen rund 100 Menschen. Meinen Sie, dass sich jeder von diesen etwas über Sie denkt?

Oder anders gefragt: Denken Sie über JEDEN Menschen etwas, den Sie sehen? Auch wenn es so wäre, was ich nicht annehme, so könnte eben das niemand verhindern. Niemand kann die Gedanken der anderen steuern oder verhindern.

Denken Sie immer nur Nettes von jedem Menschen? Vermutlich nicht! Warum dürfen die anderen, denn dann nicht „Unnettes" über Sie denken? Haben jene Menschen, über die Sie nicht nur Gutes dachten, das gemerkt und einen Schaden davon getragen?

Denken Sie sich jetzt z.B. etwas über mich, die Autorin? Ich werde es vermutlich nie erfahren und muss damit leben. Sollten es Gedanken der Kritik an meiner Person sein, so antworte ich Ihnen in Gedanken: „Vielen Dank für Ihre Kritik. Aber ich bin nicht auf der Welt um so zu sein, wie Sie mich haben wollen!"

Möchten Sie mir jedoch Ihre kritischen Gedanken zu diesem Buch in Form eines Feedbacks mitteilen, freue ich mich über ein E-Mail von Ihnen.

Es ist nämlich ein wesentlicher Unterschied, einen Menschen in seinem Wesen, seiner Person oder ein spezielles Verhalten oder eine bestimmte Aussage dieses Menschen zu kritisieren. Mein Verhalten kann ich ändern, eine Aussage überdenken und umformulieren, aber ich kann kein anderer Mensch werden, denn ich bin ich!

„Du bist wahnsinnig" hat doch eine ganz andere Wirkung, als „das was du da getan hast ist wahnsinnig (oder Wahnsinn)" – zumal die Bedeutung der letzteren Formulierung auch ein Kompliment sein könnte – „Das was Sie hier geschrieben haben ist wahnsinnig" würde ich – natürlich abhängig von der Betonung – gerne hören.

Sollten Sie nun genug von Mystik und Magie haben und nun der Realität ins Auge blicken wollen, so können Sie jetzt die Fachausdrücke der Persönlichkeitsstile, der jeweiligen Erdgeistchen erfahren. Möchten Sie diese Information von mir haben, dürfen Sie zu diesem Zweck ein Rätsel lösen. Die Lösung des Rätsels geben Sie auf meiner Homepage-Unterseite „Buchempfehlungen" in das dazugehörige Feld ein und machen so der Magie ein Ende, indem Sie sich mit dem Kontinuum der Persönlichkeitsstile, hin bis zu den Persönlichkeitsstörungen, konfrontieren.

Überlegen Sie es sich jedoch gut, ob Sie das wirklich wollen und denken Sie dabei an Ihre Kindheit zurück, wie es war als Sie entdeckten, dass es weder das Christkind, noch den Osterhasen gibt.

Wollen Sie so eine traumatische Entdeckung freiwillig nochmals machen, oder lassen Sie Ihre Persönlichkeit einfach eine magische bleiben?

Rätsel der Entzauberung

Überlegen Sie es sich wirklich gut, ob Sie sich durch die staubtrockenen Worte der Persönlichkeitsstile in die Realität katapultieren lassen wollen oder ob es nicht doch märchenhaft mystischer ist, Ihren Persönlichkeitsstil einfach einen magischen bleiben zu lassen?

Damit Sie nicht ungebremst und viel zu schnell in die Realität sausen, haben Sie nun die Herausforderung vor sich, zwölf Fragen zu den einzelnen Erdgeistchen zu beantworten um zu dem Losungswort zu gelangen, mit dem Sie dann das Dokument der Realität öffnen können.

Die Zahlen entsprechen den jeweiligen Lösungsbuchstaben. Bei mehrfachen X kommt derselbe Buchstabe mehrmals im Wort vor. Selbstlaute werden als Einzelbuchstabe geschrieben (z.B. ö und nicht oe).

Wie heißt der Großvater von Angakanga?

	1							1		

Welchen Gegenstand soll sich Bluff zulegen und Notizen machen, damit standhaft bei seinem Standpunkt bleibt.

			2									2				

Der Spitzname von Hikito in seiner Schulzeit

			3	

Welchen Sport übte immidimmi in seiner Kindheit aus?

			4			

Mit welchem Fahrzeug vergnügt sich Irli bei der Erlebnistour?

			5

Mit welchem imaginären Tier schlägt sich Magunda herum, wenn es starke Emotionen verspürt?

					6			6	

Welche Tarotkarte ist Makuko gewidmet?

					7

Wovon wird Ojemito, als einziges Geistchen, immer begleitet?

		8		

Was hat Omombo in der Parkgarage verloren?

	9				

Welchen Hang stapft Ozillo in seinem Schiurlaub hinauf?

				10							10

Sardono fühlt sich wohl, wenn er Situationen unter __________ hat?

				11				

Welche Sportart hat Uglumuglu schon seit mehr als einem halben Jahr nicht mehr ausgeübt?

			12		

Das Losungswort ist:

12	11	5	10	8	9	2	7	3	4	1	6

Die Lösung des Rätsels finden Sie auf meiner Homepage
www.psychotherapie-verhaltenstherapie.com
auf der Unterseite „Buchempfehlungen". Dort klicken Sie die Downloadmöglichkeit an und geben dann das Losungswort in das Kennwortfeld in Großbuchstaben ein.
Dann ist es zu spät, denn die Magie ist schlagartig entschwunden – Sie blicken der Realität ins Auge!

Ritual des Dankes

Ritual wird definiert als eine, nach vorgegebenen Regeln ablaufende, feierliche und festliche Handlung mit hohem Symbolgehalt und klingt in dieser Form noch wenig magisch.

Magischer ist schon diese Beschreibung eines Dankesrituals:

Bei einem Dankesritual bedankt man sich bewusst bei der Geistigen Welt. Oft wird dies gemacht, wenn man Wesenheiten um Hilfe gebeten hat. Als Dankesritual kann man auch die Opferschale betrachten. Man legt als Dank etwas hinein ...

www.beepworld.de/members72

Eine Hexenschule lässt uns wissen:

Schreibe ein Dankesritual. Wem du danken willst, weißt du sicher selbst am besten. Was du verwenden willst, ist dir überlassen. Ob du nun Früchte opferst, eine spezielle Räuchermischung als Dank herstellst oder einer Pflanze Energie zukommen lässt – die Möglichkeiten sind vielfältig und die Kreativität grenzenlos...

www.mandragora-hexenschule.de

Industrie und Magie als ein Widerspruch? Nein, denn so gab es beim „Hansgrohe Wassersymposium 2008“ einen Workshop mit dem Titel „Wasser – existenzieller Luxus: ein Dankesritual an das Wasser.“

Also was liegt näher, als am Ende dieses Buch, welches gefüllt wurde mit der Magie des Lebens, ein Dankesritual zu zelebrieren.

Mein Dank gilt nun allen Wesenheiten die ich vor und während des Schreibens um Hilfe bat sowie jenen Wesen, die mich von sich aus unterstützten.

Meine Opferschale ist das Papier, auf welchem ich meinen Dank in Worte lege und diese niederschreibe:

Ohne die Erdgeistchen-Bilder der Malerin Marie Tewa, wäre dieses Buch nie entstanden – Ihr gilt mein allergrößter Dank. Ebenso möchte ich mich für Frau Tewas Vertrauen bedanken, als sie dem Projekt zustimmte und die Erdgeistchen in meine geistige Obhut entließ, ohne vorher zu wissen, welche Persönlichkeiten ich diesen liebenswerten Erdwesen, schlussendlich „auf den Leib schreiben“ werde.

Frau Verena Minoggio danke ich für die Idee des Buches. Sie streitet zwar unermüdlich ab, dass sie diese hatte, aber es war wirklich so! Als ich die Erdgeistchen dazu brachte, sich ihr bei einem Zusammentreffen vorzustellen, scheinen sich die Geistchen und Frau Minoggio sofort gegenseitig ins Herz geschlossen zu haben. Kurz darauf unterbreitete Frau Minoggio mir den Buchvorschlag. So liegt der Schluss nahe, dass die Erdgeistchen selbst aktiv geworden sind und Frau Minoggio als hervorragendes Medium erkannt haben, um die Forderung zu präsentieren, dass die Menschenwelt ihnen doch endlich ein Buch widmen solle.

Frau Valentina Bruns kommt auch bei diesem Buch wieder mein ungeheuerlich großer Dank zu, weil sie es mir möglich gemacht hat, mir das gefühlvoll, rituelle Beistrichsetzen und das magische Denken in Bezug auf die neue Rechtschreibung zu bewahren.

Den vielen Heinzelfrauen und Heinzelmännern des Goldegg Verlags, die emsig zu der Entstehung des Buches beitrugen, spreche ich hier einen riesenhaften Dank aus. Zwar habe ich sie nie gesehen – aber das ist gut so, denn sonst würden sie ja auf immer verschwinden.

An alle Wesen, die ich vor dem Schreiben darum bat, den Erdgeistchen Persönlichkeitsstile in Form von Eigenschafts- und Verhaltensbeschreibungen zuzuordnen, möchte ich eine Heerschar von Luftgeistern, den Sylphen, senden um ihnen allen einen Dankessturm zu überbringen. Danke, dass Sie alle meine Bitte mit solcher Ausdauer und hoher Motivation ausführten, obwohl diese Aufgabe sehr viel Zeit in Anspruch nahm.

Meinen Partner müsste ich mit einer Flutwelle des Dankes überschwemmen, hätte ich nicht Sorge, dass er darin ertrinkt. Er hat jedes Kapitel zu seiner Sonntagslektüre gemacht und sich danach auch noch mit meiner Unfähigkeit, Kritik dankend annehmen zu können, herumgeschlagen. Auch für sein Verständnis für meine häufigen mystischen Absenzen und mein ständiges Wegdriften in die virtuelle Welt des Computers, bedanke ich mich.

Schlussendlich hege ich starke Gefühle der Dankbarkeit meinen Eltern gegenüber, die mir die Welt des magischen Denkens eröffnet haben, indem sie stets meine Fantasie und Kreativität gefördert und unterstützt haben – auch in jenen Zeiten, in denen meine magische Zahl die Fünf war.